a gramática no Brasil:
ideias, percursos e parâmetros

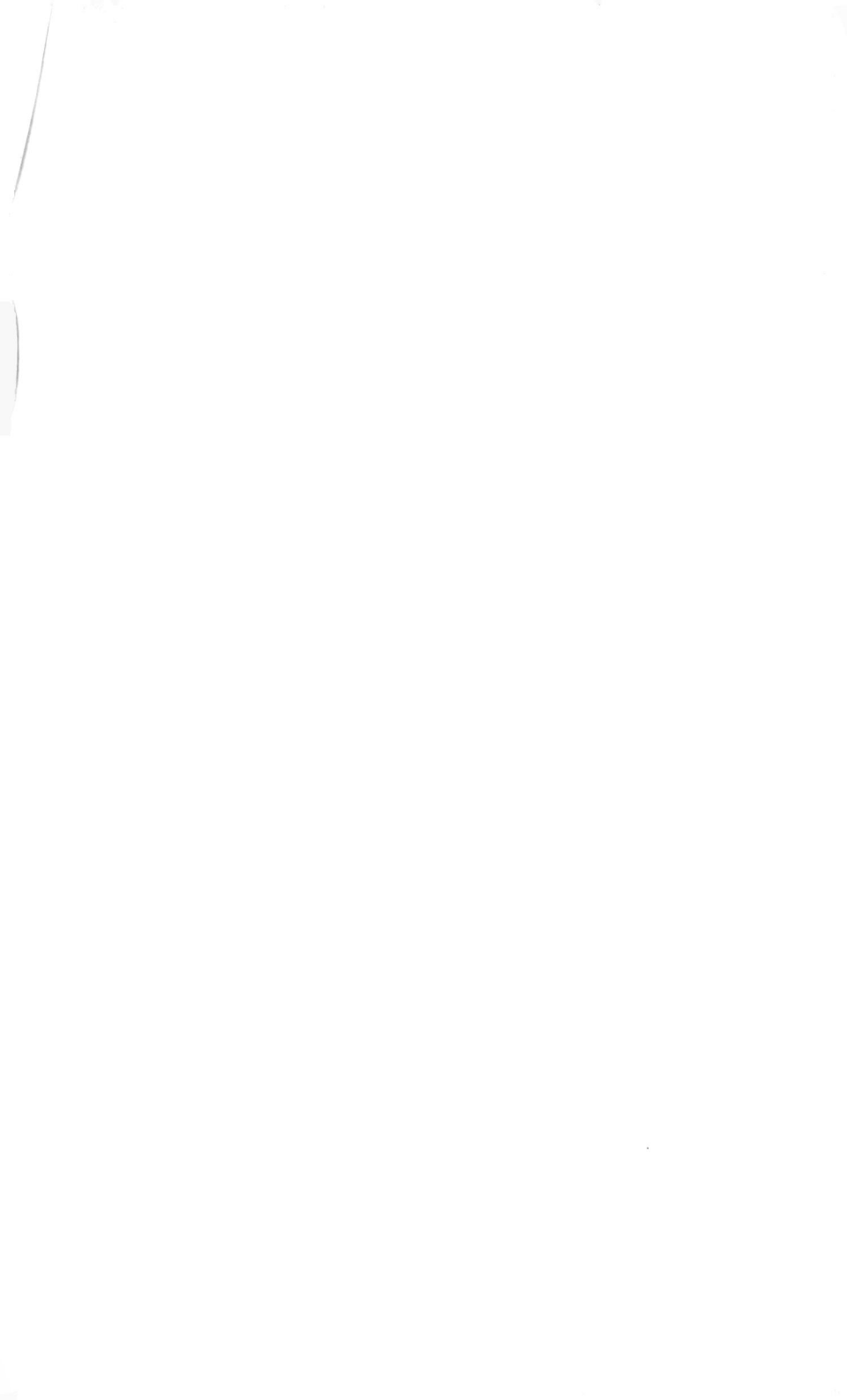

Lexikon | *obras de referência*

RICARDO CAVALIERE

a gramática no Brasil:
ideias, percursos e parâmetros

© 2014, by Ricardo Cavaliere

Direitos de edição da obra em língua portuguesa adquiridos pela Lexikon Editora Digital Ltda. Todos os direitos reservados. Nenhuma parte desta obra pode ser apropriada e estocada em sistema de banco de dados ou processo similar, em qualquer forma ou meio, seja eletrônico, de fotocópia, gravação etc., sem a permissão do detentor do copirraite.

LEXIKON EDITORA DIGITAL LTDA.
Rua da Assembleia, 92 / 3º andar – Centro
20011-000 Rio de Janeiro – RJ – Brasil
Tel.: (21) 2526-6800 – Fax: (21) 2526-6824
www.lexikon.com.br – sac@lexikon.com.br

Veja também www.aulete.com.br – seu dicionário na internet

CONSELHO EDITORIAL LEXIKON
Evanildo Bechara
Maria Tereza de Queiroz Piacentini
Paulo Geiger
Ricardo Cavaliere

DIRETOR EDITORIAL
Carlos Augusto Lacerda

EDITOR
Paulo Geiger

PRODUÇÃO EDITORIAL
Sonia Hey

DIAGRAMAÇÃO E CAPA
Filigrana Design

CIP-BRASIL. CATALOGAÇÃO NA PUBLICAÇÃO
SINDICATO NACIONAL DOS EDITORES DE LIVROS, RJ

C368g

    Cavaliere, Ricardo
       A gramática no Brasil : ideias, percursos e parâmetros / Ricardo Cavaliere. - 1. ed. - Rio de Janeiro : Lexikon, 2014.
    176 p. ; 21 cm.

    Inclui bibliografia e índice
    ISBN 978-85-8300-015-0

    1. Língua portuguesa - Gramática. 2. Língua portuguesa - Uso 3. Linguística. I. Título.

CDD: 469.152
CDU: 811.134.3'36

Sumário

Este livro	7
Os Estudos Gramaticais Brasileiros no Século XX	11
A Gramática Brasileira do Período Científico	28
A Corrente Racionalista da Gramática Brasileira no Século XIX	44
O *Epítome* de Antônio de Morais Silva na Historiografia Gramatical Brasileira	59
Um passo da historiografia gramatical brasileira: as ideias ortográficas de Frei Caneca	68
Fontes Inglesas dos Estudos Gramaticais Brasileiros	80
O *Corpus* de Língua Literária na Tradição Gramatical Brasileira	91
Os Estudos Historiográficos de Antenor Nascentes	99
Presença da Linguística Alemã na Gramaticografia Brasileira do Período Científico	107
Sobre a Influência Francesa na Gramaticografia Brasileira do Século XIX: Michel Bréal, Arsène Darmesteter, Émile Littré e Gaston Paris.	124
Tradição e Vanguarda na Linguística de Joaquim Mattoso Camara Jr.	141
As Ideias Linguísticas de João Ribeiro	148
Referências bibliográficas	160
Índice onomástico	171

Este livro

No texto introdutório de seu *Linguistic historiography: projects and prospects* (1999), Konrad Koerner oferece-nos uma série de bons motivos para conferir à Historiografia da Linguística (HL) lugar de destaque em nossa formação acadêmica. Um exemplo: o estudo da HL, desde que orientado por um aparato teórico consistente, confere ao pesquisador o necessário discernimento para distinguir entre conquistas científicas efetivamente relevantes e teses inconsistentes ou desprovidas de fundamentação sólida, visto que seu conhecimento sobre questões como a construção e transmissão do saber linguístico e o embate de teorias antagônicas no decurso histórico da ciência ajuda-o a apurar o juízo crítico e a frear uma certa tendência de aceitação pacífica de novas e duvidosas propostas científicas.

Outra vantagem de que usufrui o linguista iniciado no estudo historiográfico reside no olhar imparcial ou antidogmático com que observa as diferentes correntes ou escolas linguísticas, um atributo que muito contribui para sua formação intelectual, a par de torná-lo naturalmente receptivo à discussão conceptual no campo epistemológico. Um terceiro motivo, enfim, dentre os vários que poderíamos relacionar nestas linhas, diz respeito à reserva com que o linguista bem introduzido nas sendas historiográficas ouve os clamores de uma "visão revolucionária" em novas propostas teóricas, cuja originalidade não raro se dissipa na primeira análise mais acurada.

Nossas dissertações e teses acadêmicas, de certo modo, têm demonstrado interesse pela visão histórica do conhecimento linguístico. Com efeito, é comum que esses trabalhos façam uma resenha inicial sobre a maneira como os antigos gramáticos trataram um certo tema, à guisa de capítulo introdutório para a análise mais específica que será oferecida nas páginas seguintes. Tais iniciativas, entretanto, carecem comumente de consistência metodológica, escolhem-se autores sem um critério estabelecido, muitos deles excessivamente distanciados cronológica ou conceptualmente, outros desprovidos de relevância no panorama da gramaticografia do português, de tal sorte a referência historiográfica não vai além de um "dever cumprido", em consonância com o manual de elaboração de trabalhos acadêmicos.

Este livro, na medida de suas limitações, visa a contribuir para tornar a HL uma disciplina mais presente na formação dos linguistas brasileiros. Nesse intuito, urge que se publique em português um número maior de textos que cuidem de teoria e método em HL, uma área a que se convencionou denominar meta-historiográfica, sobretudo os de caráter propedêutico. Recentemente, por sinal, veio a público o livro *Introdução à historiografia da linguística*, escrito pelo Prof. Ronaldo de Oliveira Batista (2013), cujo escopo visa exatamente a essa disseminação dos conceitos básicos da HL nas classes dos cursos de graduação e pós-graduação em Letras. Cremos, também, que podemos ampliar a pesquisa linguístico--historiográfica mediante publicação de estudos que tornem mais familiares a nossos olhos atuais muitas das ideias que nossos predecessores fomentaram, bem como muitas das inquietações que enfrentaram, na difícil missão de dar sentido ao maravilhoso fenômeno da linguagem. E — por que não? — também poderemos, pela leitura desses estudos, tomar ciência de tantos nomes, fatos e obras que ajudaram a construir o pensamento linguístico brasileiro e a atribuir-lhe o perfil que hoje ostenta.

Para os historiógrafos de formação, o livro pretende ser um contributo em um grande projeto que a todos une em prol da descrição e análise da gramaticografia do português no Brasil, e, nesse intuito, não tem ilusões de oferecer coisa revolucionária ou dotada de especial mérito. São doze estudos pontuais, que aqui ou ali poderão surpreender com algo aproveitável perante olhos mais experientes; a rigor, trata-se de uma palavra a mais na elaboração de um projeto vultoso, que requer o esforço conjunto de muitos pesquisadores, no intuito de dar conta da história da gramática no Brasil, suas ideias e parâmetros.

Esse objetivo se vem fortalecendo paulatinamente no âmbito de grupos de pesquisa dedicados ao estudo linguístico-historiográfico, cujo escopo dirige-se ao desenvolvimento de projetos interinstitucionais que vinculam várias universidades públicas e privadas. No corpo desses grupos atuam pesquisadores competentes e dedicados — cuja menção pessoal aqui evito para não ser traído por uma e outra injusta omissão —, todos reunidos no Grupo de Trabalho em Historiografia da Linguística Brasileira da Anpoll e irmanados por esta tarefa verdadeiramente ingente de dar luz ao processo histórico em que se vem formando o pensamento linguístico brasileiro.

O temário geral dos textos aqui reunidos diz respeito à análise crítica da gramaticografia brasileira, com ênfase em obras e autores do século XIX e alguma referência a nomes do século XX. Por sinal, a cada estudo que se publica sobre este ou aquele linguista, esta ou aquela obra, percebe-se o quanto ainda temos de trabalhar para chegar a uma visão mais nítida do processo de construção do saber sobre a língua no Brasil, não obstante nossa tradição linguística, ao menos no tocante à gramaticografia do português, não vá muito além de dois séculos. São centenas e centenas de textos imersos em arquivos intocados, documentos públicos e privados à espera de mãos e olhos investigadores, fontes documentais riquíssimas que interessam não apenas à HL, senão a disciplinas congêneres como a História da Educação e à própria História Social.

O que se oferece nestas páginas, pois, é bem pouco diante do que se há ainda de fazer, mas, afinal — espera sinceramente o autor — o pouco que aqui reside não deixa de contribuir neste esforço que hoje se implementa para o desenvolvimento dos estudos linguístico-historiográficos. Por fim, uma palavra de agradecimento à Lexikon Editora Digital Ltda. por haver acatado a proposta de publicação deste livro, mais uma prova de seu louvável empenho pela difusão do saber científico no Brasil.

Os Estudos Gramaticais Brasileiros no Século XX

O alvorecer do século XX encontra a gramaticografia brasileira em um processo de mudança que se iniciara, nas últimas décadas do século anterior, com o abandono das teses racionalistas herdadas da gramática filosófica em favor da perspectiva historicista que caracteriza a denominada *gramática científica*[1] Essa mudança não se processa pacificamente, já que, como seria de esperar, as forças reacionárias aos novos rumos da gramática científica mantinham-se presentes no ensino da língua vernácula, em convivência com as novas propostas de análise linguística trazidas pela escola histórico-comparativa.

Um exemplo desse conflito pode observar-se nas páginas da *Gramática expositiva* (1907), trazida a lume pelo filólogo Eduardo Carlos Pereira (1855-1923). No prólogo da primeira edição, o autor adverte que seu trabalho busca a resultante de dois modelos teóricos: a da "corrente moderna, que dá emphase ao elemento histórico da língua, e da corrente tradicional, que se preoccupa com o elemento lógico na expressão do pensamento" (1909 [¹1907]:VII). Por tais palavras se vê que havia nas ideias linguísticas de Eduardo Carlos Pereira uma certa hesitação entre as bases da antiga ordem filosófica e a nova ordem cientificista, de que resultou uma tentativa de conciliação que visava, sobretudo, à melhor apresentação da matéria gramatical na práxis pedagógica.

Neste momento inaugural do século XX, a dialética da gramática como arte e como ciência já habita as páginas dos textos linguísticos brasileiros, fruto de uma tarefa dual que a reforma trazida pelo movimento histórico-comparativo impôs: a de pesquisar e a de ensinar a língua. Com efeito, no plano da velha ordem racionalista, o texto gramatical tinha uma missão exclusivamente pedagógica, em que se ocupa da educação linguística com forte teor normativo, à luz dos textos escritos pelos autores clássicos. A incorporação do método histórico-comparativo às páginas gramaticais significou

---
[1] Sobre o conceito de *gramática científica* no Brasil, leia neste livro o texto *A gramática brasileira do período científico*.

trazer para os domínios das gramáticas de língua vernácula as teses teoréticas da Ciência Linguística, de tal sorte que os textos antes meramente prescritivos, com perspectiva teleológica restrita ao ensino, passaram a ser a um tempo investigativos e prescritivos. Em outras palavras, ingressa nas páginas da gramática uma conjugação de interesses que frequentemente entram em conflito.

Um texto investigativo, que busca descrever os fatos da língua à luz de uma dada teoria, impõe-se o recurso à metalinguagem mais complexa, à especulação sobre a natureza desses fatos, à discussão e reflexão sobre conceitos de maior abstração, tais como o próprio conceito de língua e linguagem. Já o texto prescritivo, de índole pedagógica, deve ser mais simples, de tal sorte que a excessiva terminologia técnica não atrapalhe o objetivo de ensinar as bases da gramática na medida em que sirva para o aprendizado da leitura e da redação. Esse dilema da dupla finalidade do texto gramatical não fugiu à percepção de Eduardo Carlos Pereira (1855-1923), que assim se manifesta (1909 [[1]1907]:VII-VIII):

> A grammatica histórica entresachada na grammatica expositiva traz, como natural resultado, a interrupção na exposição didactica, o desanimo e a confusão no espírito de alumnos, que não teem ainda o indispensável conhecimento prévio do latim (...). Em segundo logar, fugimos da "terminologia grammatical abstrusa e cansativa", na phrase cortante da "Commissão de programmas de linguas". Não rejeitamos, todavia, os neologismos já correntes e apropriados.

Será, pois, sob o manto dessa dualidade que surge no Brasil dos novecentos uma concepção de gramática que, no âmbito das obras mais representativas, busca coadunar a atividade de pesquisa com a atividade de ensino, no sentido de, ao menos, não se apresentarem regras sem fundamentação teórica. Significativa, a respeito, a própria mudança da definição de gramática proposta por Eduardo Carlos Pereira no decurso das edições da *Gramática expositiva*. Na primeira edição, o autor assevera que "Grammatica é a sciencia das palavras e suas relações, ou a arte de usar as palavras com acerto na expressão do pensamento" (1909 [[1]1907]:3). Observe-se que a tentativa de compatibilizar os dois vieses da concepção de gramática como arte e como ciência resulta numa definição inconsistente, que busca harmonizar correntes absolutamente distintas.

Na oitava edição de sua obra, Eduardo Carlos Pereira finalmente dará novas tintas à definição de gramática: "Grammatica (*gr. gramma* = *letra*) é a systematização dos factos da linguagem (1909 [¹1907]:3). Com efeito, cuida-se aqui de uma definição coerente e restrita à perspectiva científica, visto que não mais se faz referência ao papel pedagógico de que também se investe a obra gramatical.

É, porém, nessa mesma oitava edição, ao tratar da tipologia da gramática, que Pereira dá contornos mais nítidos aos vieses que se entrelaçam nas sendas gramaticais, oferecendo-nos os seguintes tipos (1909 [¹1907]:3-4):

> **Grammatica geral** é, hoje, o estudo comparado de um grupo de línguas congeneres, como a *Grammatica das Linguas Romanicas*, de F. Diez.
>
> **Grammatica particular** é o estudo dos factos de uma língua particular, quer encarados em seu estado actual, quer em suas transformações historicas.
>
> **Grammatica histórica** é o estudo das transformações de uma língua, no tempo e no espaço, feito comparativamente com as transformações parallelas das linguas e dialetos congeneres. É um estudo-historico comparativo.
>
> **Grammatica expositiva**, DESCRIPTIVA OU PRATICA, é a que expõe ou descreve methodicamente os factos actuaes de uma lingua determinada.
>
> **Grammatica expositiva portuguesa** é a exposição methodizada das regras relativas ao uso correcto da língua portuguesa.

Essa minuciosa tipificação da gramática, como se percebe, constitui um recurso hábil para evitar a incoerência da definição original, em que colidiam os papéis investigativo e prescritivo, de tal sorte que cada um deles passe a ser o objeto de uma dada gramática específica. Na prática, entretanto, os gramáticos não conseguiam ser disciplinados a ponto de obedecer fielmente a esta divisão, sobretudo no tocante à gramática expositiva ou descritiva e a gramática expositiva portuguesa, que hoje se denominaria "gramática normativa".

A impossibilidade de obediência irrestrita à tipologia gramatical apresentada por Eduardo Carlos Pereira fundava-se justamente no fato de que os compêndios gramaticais, que almejavam modernizar-se mediante exposição do funcionamento da língua segundo as teorias contemporâneas, não podiam divorciar-se de sua vocação pedagógica, ou, possivelmente, de seu compromisso pedagógico. Não se tratava, a rigor, de um compromisso filosófico, fruto da concepção de que só se deve pesquisar a língua se o resultado for relevante para o ensino, mas de uma imposição pragmática criada por um mercado editorial cujo escopo era o estudante de língua portuguesa, fossem alunos escolares, fossem cidadãos interessados em questões linguísticas, os quais se caracterizam como um *leitor consulente*. Um outro tipo, o *leitor pesquisador*, que buscava informar-se cientificamente sobre os fatos linguísticos, tinha caráter endógeno, habitava as próprias sendas acadêmicas e, por assim dizer, constituía o público-alvo que motivava a produção de textos comprometidos com o progresso do saber linguístico. Chega-se, pois, a um primeiro traço característico da gramática brasileira no início do século XX: o de um compêndio descritivo--prescritivo destinado tanto a um leitor *consulente* quanto a um leitor *pesquisador*.

No devir das primeiras décadas do século XX, essa feição dual se mantém como uma espécie de fundamento gramaticográfico, pelo que se percebe nas definições de gramática que se colhem nos principais autores da época. Em *O idioma nacional* (1960 [[1]1926-7-8]), obra de Antenor Nascentes (1886-1972) publicada inicialmente em cinco volumes entre 1926 e 1928, o autor define gramática como "a disciplina que, examinando os fatos da linguagem segundo o uso da classe culta, deles extrai normas" (1960 [[1]1926-7-8]:11). Embora tivesse formação filológica pautada no comparativismo histórico, Nascentes deixa escapar em alguns momentos de sua conceituação significativa presença do pensamento estruturalista, como, por exemplo, o significado de linguagem e língua: "Embora em sentido geral se entenda por linguagem todo sistema de sinais entre si, em sentido restrito linguagem se refere a língua falada e a língua escrita" (1960 [[1]1926-7-8]:11). A ressalva, aqui, busca dar sentido ao uso do termo *linguagem* na definição de gramática em certo desacordo com o conceito que o termo já expressava nas rodas acadêmicas dos anos 1920. Outro significativo indício da escola estruturalista na concepção de língua em Nascentes se encontra na conceituação de linguagem como "sistema de sinais", uma evidente influência da linguística saussureana.

Nota-se já a partir da publicação de *O idioma nacional* certa preocupação em conferir à gramática um perfil mais descritivo do que normativo, embora em suas bases já consolidadas, que constituem o que se convencionou denominar "tradição gramatical", o viés normativo jamais tenha sido efetivamente relegado a segundo plano. Na breve digressão inicial sobre o conceito de gramática, Antenor Nascentes adverte o leitor de que "o gramático observa os fatos da língua e depois deduz as normas. Não inventa regras a que os fatos devam subordinar-se. Êles (*sic*)[2] é que se submetem aos fatos" (Nascentes, 1960 [¹1926-7-8]:11). Por aí se vê que na roda de temas que habitavam as discussões acadêmicas na década de 1920 decerto inscrevia-se a preocupação com o normativismo excessivo ou infundado que certa corrente intelectual defendia. A década de 1940, como se sabe, instalou uma crise de grave repercussão no seio dos estudos linguísticos brasileiros em face da definitiva disseminação das teses estruturalistas norte-americanas no meio acadêmico. Deve-se a iniciativa a Joaquim Mattoso Camara Jr. (1904-1970), com a publicação de seus *Princípios de linguística geral* (1970 [¹1941]), um marco da historiografia linguística no Brasil. Pautado em uma doutrina formalista, o estruturalismo descreve o funcionamento da língua nos limites do sistema, sem considerar o uso ou sua manifestação na concretude do discurso. Por tal motivo, o *corpus* de que se serve o linguista não é literário, como também não é necessariamente recolhido à língua escrita, já que nesse modelo não se cuida da noção de norma, ou, em melhores termos, distingue-se claramente sistema e norma, cabendo à Linguística ocupar-se do primeiro e à Pedagogia ocupar-se da segunda. Disso decorre haver nos estudos estruturalistas uma natural recorrência às estruturas linguísticas da língua oral, que acabaram por constituir, com o tempo, o escopo maior dos estudos sobre a língua, dada sua fidedignidade como expressão de funcionamento do sistema, a par de ser uma estratégia então novidadeira, para não dizer revolucionária.

Os reflexos dessa crise explodem no seio da corrente de filólogos adeptos da tradição gramatical pautada nos estudos histórico-comparativos, de que resultam algumas atitudes reacionárias e outras que se podem entender como uma espécie de *mea culpa*, no intuito de corrigir os rumos da descrição gramatical e do ensino do

---

[2] *Êles* no original, por equívoco. Na verdade, Nascentes afirma que *elas* (as regras) se submetem aos fatos.

português, livrando-os do anacronismo e da ineficiência que um modelo excessivamente pautado no analitismo e no esplendor da metalinguagem vinha implantando em sala de aula. É nesse clima que vem a lume no início dos anos 1940 o texto de Francisco da Silveira Bueno (1898-1989) intitulado *Gramática normativa da língua portuguesa* (1944), trabalho que, apesar do título, visava despir o ensino do português das vestes pesadas e tecidas com normas anacrônicas e verdadeiramente inúteis para o escopo de formar bons leitores e produtores de texto escrito.

Pelo menos, essa é a intenção expressa por Silveira Bueno nas *Palavras necessárias* (1944:VII-X) que precedem a introdução de sua gramática, texto que mais soa como uma espécie de desabafo de quem via o modelo de descrição linguística pautado na tradição filológica afundar no ostracismo, carente de novos ares que lhe dessem força para enfrentar a onda estruturalista que a modernidade trazia. Bueno, com efeito, apresenta sua proposta de trabalho em uma *Introdução geral* (1944:9-11) que surpreende pelas tintas renovadoras, não obstante suas bases, a rigor, não sejam cabalmente ratificadas no corpo da obra.

Ao tratar da definição de gramática, Bueno a situa como "a ciência que codifica e sistematiza as regras do idioma, baseando-se na observação dos fatos da linguagem viva do país" (1944:11). Temos aqui farto material para especulação, sobretudo em face da dubiedade de alguns termos presentes na definição. Primeiro, há de notar-se que Bueno é dos poucos que confere à gramática a designação de "ciência", fato que pode ser entendido tanto como uma referência ao modelo científico da escola histórico-comparativa, quanto como uma tentativa de equiparação da gramática tradicional com o novel modelo da ciência linguística que ingressava no Brasil pelo paradigma do Estruturalismo.

Em segundo plano, Bueno dá ênfase à expressão "fatos da linguagem viva do país", uma evidente postura inovadora que admite seja a descrição gramatical pautada em *corpus* atualizado, que expresse as estruturas de uso contemporâneas. A proposta, enfim, é de uma descrição gramatical que se dispa do anacronismo e do normativismo estéril, como se lê no seguinte segmento (1944:10):

> De toda esta vida real da língua falada e escrita cuida a gramática, codificando e sistematizando as regras pelas quais se regem ês-

ses fenômenos [de mudança da língua], tirando-as da observação concreta e diária da linguagem e jamais concluindo teoricamente, a priori, sem o absoluto e indispensável apoio dos fatos práticos do idioma.

Não nos deixemos cativar, entretanto, por palavras tão revolucionárias e liberais. A leitura da *Gramática normativa* de Francisco da Silveira Bueno não se coaduna totalmente com a expressão da língua falada e escrita, senão unicamente com a língua escrita com o aval do texto literário, como se pode abstrair da seguinte observação: "As novas modalidades da língua, que já foram documentadas por obras literárias, que já conseguiram a aceitação da coletividade, deverão entrar para o comum do ensino gramatical" (1944:11). Por aí se vê que a língua literária continua a ser o parâmetro de abonação das construções gramaticais, fato que denuncia haver no libelo de Bueno mais um propósito panfletário do que uma efetiva deliberação de mudança na concepção de gramática. A linguagem oral, a rigor, recebe tratamento meramente normativo na seção sobre ortoepia e prosódia, em que não faltam comentários como o seguinte: "Os portugueses e muito brasileiros não observam esta regra [pronunciam-se as vogais fechadas antes de consoante nasal], pronunciando colónos, tómos, pómos, gómos etc. Achamos que tal pronúncia está errada" (1944:51). Nesse passo, Bueno demonstra uma arbitrariedade que chega a atingir as variantes de uso diatópico, fato incomum até mesmo em gramáticos de gerações anteriores.

Com a virada para a segunda metade do século XX, instalam-se definitivamente no ambiente acadêmico brasileiro a escola estruturalista e a Gramática Gerativa, ambas pautadas em bases formalistas e infensas ao tradicional vínculo estabelecido pela Filologia entre a descrição do funcionamento da língua e a análise do texto literário[3]. Essa nova ordem cria uma concepção dual de gramática que viria decretar o divórcio entre os propósitos descritivo e normativo que estavam na concepção tradicional de gramática. A partir desse momento, todo manual escrito sobre as bases filológicas passou a ser considerado meramente normativo. Mesmo os volumes que se publicaram após o advento da Nomenclatura

---

[3] Leia, a respeito, o excelente estudo crítico que nos oferece Cristina Altman (2004) sobre da pesquisa linguística brasileira na segunda metade do século XX.

Gramatical Brasileira (NGB)[4], como um projeto a um tempo descritivo e normativo, caso da *Moderna gramática portuguesa* (1961), de Evanildo Bechara, da *Gramática fundamental da língua portuguesa* (1970 [1968]), de Gladstone Chaves de Melo (1917-2001), e da *Gramática do português contemporâneo* (1970), de Celso Ferreira da Cunha (1917-1989), acabaram por ser rotulados como precipuamente normativos pela comunidade acadêmica, visto que seguiam os parâmetros de concepção gramatical pautados em valores considerados ultrapassados.

Cientes desse fato, os gramáticos desse fim de século buscam reforçar sua identidade, advertindo o leitor nos prefácios e introduções de suas obras que não desconhecem o papel relevante da Linguística como ciência descomprometida com questões pedagógicas e, por tal motivo, incapaz de cumprir uma missão que continuava sob responsabilidade dos textos gramaticais, agora atualizados pelas novas conquistas que a Linguística oferecia. Nessa linha, Gladstone Chaves de Melo segue a velha trilha de conceituação da gramática como "a sistematização dos fatos contemporâneos de uma língua" (1970 [1968]:8) em que figura estrategicamente o adjetivo "contemporâneos" para mitigar, ao menos, a feição anacrônica do texto gramatical. Seria o mesmo Gladstone Chaves de Melo quem nos daria claro indício de uma concepção renovada de gramática segundo a teoria linguística de seu tempo com o seguinte passo: "Só partindo de uma ideia clara e segura de *sistema, diversidade dos usos lingüísticos* e *sincronia* é que podemos pensar bem em gramática" (1970 [1968]:7).

Não por acaso, os termos que Gladstone põe em destaque são justamente dos mais representativos nos estudos linguísticos no final do século XX no Brasil. Cuida-se de uma Linguística sincrônica, atenta ao funcionamento do sistema e já interessada na pesquisa da língua em uso no ato de comunicação. Este último viés, o dos usos linguísticos, já se expressa com maior ênfase no texto luso-brasileiro *Nova gramática do português contemporâneo* (1985), da lavra de Celso Ferreira da Cunha (1917-1989) e Luís Lindley Cintra (1925-1991), em que um amplo capítulo sobre variação diatópica,

---

[4] A Nomenclatura Gramatical Brasileira, publicada em 1959 sob os auspícios do Governo Federal, buscava unificar a metalinguagem e simplificar a aplicação das teses gramaticais no ensino básico. Sua adoção, embora apenas "recomendada" na legislação atinente, resultou em verdadeiro norte pedagógico que gerou vários compêndios gramaticais escritos sob suas diretrizes.

de clara inspiração sociolinguística, bem dá a dimensão mais ampla que os autores buscam conferir à descrição do português. Por sinal, são dos autores essas palavras significativas sobre o conceito de gramática e os propósitos daquela que então traziam ao público leitor (1985:XXIII):

> Parecia-nos faltar uma descrição do português contemporâneo que levasse em conta, simultaneamente, as diversas normas vigentes dentro do seu vasto domínio geográfico (principalmente as admitidas como padrão em Portugal e no Brasil) e servisse, assim, fosse de fonte de informação, tanto quanto possível completa e atualizada, sobre elas, fosse de guia orientador de uma expressão oral e, sobretudo, escrita que, para o presente momento da evolução da língua, se pudesse considerar "correta", de acordo com o conceito de "correção" que adotamos no capítulo 1.

Os indícios de uma nova postura, influenciada pelos estudos sociolinguísticos são claros. A presença de termos como "normas vigentes", que bem denota a pluralidade da norma ou, em outros termos, a inexistência de uma norma absoluta, bem como o uso dos termos "correta" e "correção" entre aspas, uma expressão gráfica da polêmica que o conceito de correção idiomática enfrenta nos estudos contemporâneos, constituem evidências de que estava no escopo dos autores ajustar as linhas da gramática às novas conquistas da Linguística, sem, contudo, deturpar sua histórica vocação ou pendor normativo, como se lê a seguir (1985:XXIV):

> Trata-se de uma tentativa de descrição do português atual na sua forma culta, isto é, da língua como a têm utilizado os escritores portugueses, brasileiros e africanos do Romantismo para cá, dando naturalmente uma situação privilegiada aos autores de nossos dias.

Não obstante esses traços de evidente atualização do conceito de gramática e de seu papel no corpo das ciências humanísticas, alguns aspectos das gramáticas pós-NGB ainda as prendiam ao velho conceito de manual normativo, dentre os quais se podem citar o uso de *corpus* literário, a presença do conceito de correção e erro linguístico e seu perfil apropriado à leitura tanto do leitor *consulente* quanto do leitor *pesquisador* a que nos referimos algumas linhas atrás.

Na tentativa de conferir à gramática um caráter eminentemente descritivo, sem o "ranço" da velha ordem tradicional, alguns textos vêm a lume nas duas últimas décadas do século passado nos moldes de renovado projeto acadêmico em que se podem identificar pelo menos duas características: a primeira diz respeito às bases teóricas, agora fundadas em modelos diversificados, tais como o da Gramática Gerativa (Perini, 1985 [¹1976]) e o do Estruturalismo Funcional (Macedo, 1991). A rigor, os textos gramaticais desta nova fase não se esteiam em aparato teórico unitário, dada a possibilidade que tem o gramático de absorver conceitos de paradigmas distintos para melhor elucidar, em sua concepção, os fatos da língua. Por tal motivos, observam-se fundamentos do estruturalismo e do Funcionalismo cosseriano em Bechara (1999), do Funcionalismo linguístico e da Pragmática em Neves (2000), do Estruturalismo e do Gerativismo em Perini (1995), para darmos aqui apenas alguns exemplos.

Essa diversidade teórica trouxe consequências inevitáveis. A mais clara delas é sua inaplicabilidade no ensino do português em nível fundamental e médio, fato que as opõe diametralmente aos textos gramaticais de fundamentação filológica produzidos até a era pós-NGB. O motivo pode ser atribuído à consequente diversidade metalinguística que os aparatos teóricos igualmente diversos impõem, de tal sorte que ao professor de ensino básico só resta a alternativa de manter-se atrelado à antiga ordem metalinguística, coerente e simples, embora insuficiente e inadequada em alguns aspectos.

Não podemos esquecer que a massificação do ensino no Brasil, a partir da década de 1970, mitigou bastante a autonomia do mestre na construção de diretrizes pedagógicas, já que agora seu trabalho se inscreve em um projeto de grupo, supervisionado por um professor orientador no organograma da escola. Já os educandos participam de testes e concursos públicos que obviamente utilizarão nomenclatura gramatical o mais unificada possível. Destarte, não há espaço em sala de aula para adoção de uma gramática que, pretendendo ser escolar, apresente uma metalinguagem idiossincrática, decorrente de um dado modelo teórico ou, não raro, fruto da criatividade do autor.

O mesmo fator metalinguístico inibe a leitura desses textos pelo leitor *consulente*, muitas vezes interessado em uma informação pontual sobre dado assunto linguístico, já que sua formação construiu-se sobre as bases da gramática tradicional. O resultado final dessa situação configura-se numa inequívoca restrição do público-alvo, do leitor potencial do texto gramatical, agora necessariamente uma pessoa iniciada ou interessada em assuntos linguísticos, como é o caso concreto dos estudantes dos cursos de Letras. Em última análise, se a gramática tradicional destinava-se tanto a leitor *consulente* quanto a um leitor *pesquisador*, a nova ordem gramatical se adstringe ao *leitor pesquisador*, fato que obviamente limita bastante sua circulação no meio social[5].

Um segundo aspecto que tipifica a gramaticografia brasileira no século XX diz respeito à natureza do *corpus* utilizado. Tomando por base o texto inaugural que nos vem servindo de exemplo, a *Gramática expositiva*, de Eduardo Carlos Pereira, verificamos que nos verdes anos do século passado inscrevia-se no conjunto das iniciativas do gramático o uso de um *corpus* restrito à língua literária escrita. Com efeito, soa inconteste, neste momento, a exigência de que os fatos linguísticos descritos tivessem amparo na literatura de língua vernácula, razão por que as regras em geral costumam ser abonadas com a citação de autores brasileiros e portugueses. Em Pereira já se observa uma preocupação com a seleção de *corpus* mais atualizado: "Dada a evolução da língua, não se póde provar, em boa lógica, a vernaculidade actual de uma expressão qualquer com a autoridade de um clássico antigo" (1907:VIII). Saliente-se, ademais, que o uso de "autoridade" nessa passagem deve ser contextualizado, no sentido de "abonação textual". Em outros termos, considerando-se a língua literária como a expressão mais apurada dos usos linguísticos, toma-se por autorizada a construção que tenha conquistado presença nas páginas das obras clássicas.

Nesse sentido, Eduardo Carlos Pereira recorre a um *corpus* formado por fragmentos de obras literárias do século XVI (Gil Vicente, Camões) ao século XIX (Alexandre Herculano, Antônio Feliciano de Castilho). A pouca presença de brasileiros — contam-se três nomes: Gonçalves Dias, Odorico Mendes e João Francisco Lisboa num total de vinte e um autores citados — merece estudo próprio, já que a mera leitura da gramática não esclarece o fato.

---

[5] A gramática destinada ao leitor pesquisador vem sendo denominada "gramática linguística", em oposição à "gramática tradicional", ou seja, a destinada ao público em geral. Trata-se de uma denominação inadequada, pois faz inferir que os autores da denominada tradição gramatical não eram linguistas, ou mesmo que as antigas gramáticas não tinham fundamento linguístico, o que decididamente não é verdade.

A ideologia nacionalista que permeia a primeira fase do Modernismo brasileiro deixa efetivas marcas na constituição do *corpus* gramatical a partir dos anos 1920, de que é exemplo marcante *O idioma nacional*, de Antenor Nascentes. Nessa obra, a presença de autores brasileiros é senão maior ao menos equitativa em face dos autores portugueses, como se comprova com os nomes de Gonçalves Dias, Castro Alves, José de Alencar, Machado de Assis, Alphonsus de Guimaraens e Artur Azevedo, entre outros. Por sinal, em *O idioma nacional* se apuram as questões dialetais que configuram o falar brasileiro em face da variante europeia, um traço renovador na descrição do português em gramática brasileiras. Basta aqui atestar a presença de um capítulo específico para tratar do português do Brasil, a par de intervenções outras, sobretudo no campo da fonética, em que se destacam as distinções de pronúncia entre a vertente brasileira e a lusitana.

Um fato notável atinente à definição de gramática em Nascentes remete-nos à conclusão de que a natureza do *corpus* começava a constituir-se em ponto de discussão já a partir da década de 1920. Observe-se que Nascentes situa a gramática como a disciplina que examina os fatos da linguagem "segundo o uso da classe culta". Sua base dos usos linguísticos descritos, portanto, não é precipuamente a língua literária, mas a língua das pessoas escolarizadas. Difícil admitir que Nascentes tenha usado o termo "classe culta" para designar a classe dos escritores; o que se verifica é uma clara extensão do *corpus* para textos não literários da lavra de falantes com alto grau de escolarização. Dentro desse critério, Nascentes serve-se de fragmentos retirados de discursos políticos e obras jurídicas em autores como Joaquim Nabuco, Rui Barbosa e Latino Coelho.

A força da língua literária, entretanto, mantém-se viva na concepção dos *corpora* de abonação gramatical, de tal sorte que até pelo menos o início dos anos 80 do século passado prevalece a regra de que o fato linguístico deva ser comprovado pelo uso dos autores contemporâneos, sem descurar de alguns clássicos tidos como obrigatórios. Essa é a perspectiva de Gladstone Chaves de Melo que assim assinala: "[...] pensamos que conseguimos torná-la [a gramática] bem menos árida através do permanente cuidado de simplificá-la, e de justificar *todos* os preceitos e normas com a lição de bons autores, principalmente brasileiros" (1970 [[1]1968]:4). Tirante certo grau de subjetivismo, como o critério de que se serviu o gramático para selecionar os "bons autores", não se pode negar a tentativa de despir o texto gramatical do ranço tão condenado que se criou com a referência exclusiva aos autores clássicos portugueses nos primeiros volumes da tradição gramatical brasileira. Um certo ar de renovação contida pode-se observar na atitude de Carlos Henrique da Rocha Lima (1915-1991), cuja *Gramática normativa da língua portuguesa* (2010 [¹1957]) segue firme ainda hoje em renovadas edições desde 1957. No prefácio da 15.ª edição, de 1972, o autor curva-se à tendência de construção de um *corpus* atualizado, sem, contudo, afastar-se peremptoriamente das bases clássicas, como se pode abstrair das seguintes palavras (2010 [1957]:XXI):

> E cabe, a propósito, uma observação importantíssima, que vem assim à guisa de pôr os pontos nos *is*: a de que, em matéria de bom uso da língua literária, os ensinamentos até aqui esposados pela *Gramática normativa* são confirmados, em sua quase totalidade, pela lição dos prosadores e poetas de hoje — o que patenteia, de maneira solar, a continuidade histórica das formas verdadeiramente afinadas com o sentimento idiomático.

Para, em conclusão, arrematar:

> Assim que, sem embargo de sua tonitruante intenção demolidora e a despeito de certos exageros postiços que lhe marcaram a fase inicial, inevitavelmente revolucionária —, a decantada rebeldia dos modernistas de 1922 à tradição gramatical do idioma não passou de "boato falso", como viria a confessar, mais tarde, o próprio Mário de Andrade[6].

Uma década e meia depois, em atitude mais receptiva à necessidade de mudança do *corpus* gramatical — embora não frontalmente contrária às ideias professadas por Rocha Lima —, Celso Cunha e Luís Lindley Cintra atribuem a seu texto a seguinte característica (1985:XXIV):

> Trata-se de uma tentativa de descrição do português atual na sua forma culta, isto é, da língua como a têm utilizado os escritores

---

[6] Mário de Andrade, "O movimento modernista", em *Aspectos da literatura brasileira* (4.ª ed.). São Paulo, Martins, 1972, p. 244.

brasileiros, portugueses e africanos do Romantismo para cá, dando naturalmente uma situação privilegiada aos autores dos nossos dias. Não descuramos, porém, dos fatos da linguagem coloquial, especialmente ao analisarmos os empregos e os valores afetivos das formas idiomáticas.

Como se percebe, a concepção do *corpus* nesse texto de fim de século já se curva claramente a uma nova tendência que rejeita o padrão de uso dito anacrônico, residente nos autores clássicos, e abre perspectiva para o acolhimento de um *corpus* não literário, expressivo dos "empregos e valores afetivos" do idioma. Entretanto, como fruto dos modelos formalistas que ingressaram no Brasil a partir da metade do século XX, algumas gramáticas do mesmo período optaram por abandonar de vez o *corpus* literário, por considerá-lo inadequado à função de exemplificação do funcionamento do sistema linguístico. São textos que não se ocupam da língua em uso, mas das regras sistêmicas que geram frases na gramática da língua. Por tal motivo, os autores desses textos, entre eles Mário Perini (1985 [¹1976]; 1995), Celso Pedro Luft (1976), Walmirio Macedo (1991) Manoel Pinto Ribeiro (1976), frequentemente recorrem a exemplário da própria lavra, fato que lhes pode pesar desfavoravelmente sob rigor científico mais acentuado.

Não obstante o fim de século ainda tenha produzido ao menos um texto gramatical fiel ao *corpus* exclusivo em língua literária (Bechara, 1999), entremeado por alguns exemplos da lavra do autor, a abonação do texto não literário, sobretudo o jornalístico, como fonte dos usos linguísticos parece ter-se consolidado definitivamente com a *Gramática de usos do português* (Neves, 2000), obra em que a autora busca renovar o conceito de língua padrão no contexto da descrição gramatical, conforme as seguintes palavras (Neves, 2000:14):

> Embora uma gramática de usos não seja, em princípio, normativa, para maior utilidade ao consulente comum a norma de uso é invocada comparativamente, de modo a informar sobre as restrições que tradicionalmente se fazem a determinados usos atestados e vivos.
> Os usos são observados em uma base de dados de 70 milhões de ocorrências que está armazenada no Centro de Estudos Lexicográficos da UNESP — Campus de Araraquara [...]. Esse corpus abriga

textos escritos de literaturas romanesca, técnica, oratória, jornalística, dramática, o que garante diversidade de gêneros e permite a abrangência de diferentes situações de enunciação [...].

Essa, de supor, será a tendência que os manuais de gramática brasileiros seguirão no decurso do século XXI (cf. Azeredo, 2008), época em que o conceito de norma padrão parece ter-se divorciado definitivamente do exclusivismo do texto literário, ainda que contemporâneo, para estender-se ao texto escrito produzido por pessoas de escolaridade superior em todos os setores da atividade linguística social.

Um outro fator de análise diz respeito aos limites da descrição gramatical. Na sinopse da gramática brasileira desde o último quartel do século XIX até as duas primeiras décadas do século XX, o objeto primário de investigação linguística era a palavra. Nesse sentido, a organização dos assuntos gramaticais sempre se fazia em face do tratamento que se deveria conferir ao estudo da palavra em duas áreas basilares: o *lexiologia* e a *sintaxe*. Tal fato se pode observar na *Gramática portuguesa* (1911 [¹1881]), de Júlio Ribeiro (1845-1890), na *Gramática portuguesa* (1920 [1887]), de Alfredo Gomes (1859-1924), na *Gramática expositiva* (1909 [¹1907]), de Eduardo Carlos Pereira (1855-1923), entre outras. A lexiologia, não raro, divide-se em dois ramos: a fonologia e a morfologia, de tal sorte que logo se passou a uma divisão tripartite composta de *fonologia*, *morfologia* e *sintaxe* que se consolidou a partir da publicação da *Gramática secundária* (1922?), de Manuel Said Ali (1861-1953).

No decorrer do século XX, a palavra cede lugar, como foco de investigação primacial, para o sistema linguístico em sua totalidade, de tal sorte que a descrição se faz agora no âmbito dos processos e dos mecanismos de funcionamento desse sistema. No entanto, a crença sedimentada de que os limites da gramática circunscreviam-se à fonética, à morfologia e à sintaxe varou várias décadas, a julgar, por exemplo, pela divisão proposta na NGB de 1959[7].

Não obstante esse tripé sinótico consagrado na tradição gramatical, não são poucos os textos que, ao longo do percurso historiográfico-gramatical, estendem as bases de descrição da língua

---

[7] A NGB subdivide a gramática em três partes: fonética, morfologia e sintaxe. Pontos considerados acessórios, tais como a ortografia, a estilística e a semântica figuram em apêndice.

para áreas suplementares. Ainda no século XIX, Maximino Maciel (1866-1923) traz a público sua *Gramática descritiva* (1922 [¹1894]), na qual, em inovadora proposta, inclui a semântica na sinopse gramatical:

> A divisão tripartite da generalidade dos grammaticographos — em **phonologia, lexiologia** e **syntaxilogia** — não tem mais razão de ser, depois que o estudo da **significação** se individualizou, constituindo por si um ramo definido, maxime com os estudos de Darmsteter (*sic*) que usa do termo semantica para designar a theoria logica da significação (p. 3).

A par da semântica, também a estilística passa a figurar como área de interesse na sinopse de inúmeras gramáticas, sobretudo em face da estreita vinculação estabelecida entre o estudo da língua e o texto literário. No corpo dos estudos estilísticos, passou a comumente figurar uma introdução teórica à versificação com o intuito de facilitar o ensino da leitura dos textos poéticos, tarefa ordinária nas classes brasileiras de língua portuguesa ao longo de quase todo o século passado. Seguem essa tendência Rocha Lima (2010 [¹1957]), Celso Cunha (1970), Evanildo Bechara (1961) Celso Cunha e Luís Lindley Cintra (1985) entre outros.

Com a vertente formalista dos dois últimos decênios do século passado, a estilística e a versificação deixam de integrar o corpo descritivo da gramática e a semântica, se não é relegada a segundo plano, ao menos perde o *status* de segmento autônomo, já que seus temas passam a integrar pontualmente os segmentos dedicados á morfologia e à sintaxe. Verifica-se, assim, uma variação no perfil sinótico da gramática brasileira de língua portuguesa ao longo do século XX, em que uma base tripartite consagrada recebe propostas de acréscimos em dado autor (caso da inclusão do semântica em Maximino Maciel) ou em dada geração (caso da inclusão da estilística e da versificação nas gramáticas da Geração NGB).

A perspectiva para o século XXI é de que os manuais paulatinamente desvinculem totalmente a estilística dos domínios da gramática, não obstante alguns textos recentes persistam nessa linha, entre eles os de Evanildo Bechara (1999) e José Carlos de Azeredo (2008). Por outro lado, a crescente atividade de pesquisa no âmbito da teoria do texto nas universidades e grupos de pesquisa, a par de sua significativa presença no conteúdo programático contemporâneo de Língua Portuguesa em nível médio e superior, constituem um fator propício para que as portas da gramática se abram para uma generalística abordagem teórica do texto aliada à antiga proposta de descrição sistêmica da língua, conforme já se pode encontrar na *Gramática Houaiss da língua portuguesa* (Azeredo, 2008).

Cuida-se aqui de uma nova face dos estudos gramaticais no Brasil, cujos fundamentos devem ser estudados mais detidamente em face da severa repercussão que pode provocar no próprio conceito de gramática em suas variadas acepções.

A Gramática Brasileira do Período Científico[8]

1. A gramática científica do século XIX

A primeira edição, em 1881, da *Gramática portuguesa*, de Júlio Ribeiro (1845-1890), inspirada na doutrina histórico-comparativa que dominou a Linguística europeia a partir dos primeiros decênios do século XIX, inaugura uma nova fase nos estudos gramaticais brasileiros, denominada *gramática científica*[9]. Esta é uma afirmação que se vem reforçando em vários estudos sobre a gramaticografia da língua portuguesa no Brasil oitocentista e cuja justeza está por merecer cuidadosa reanálise. Pelo que se sabe, antes de Júlio Ribeiro, ao menos no tocante à cronologia exata das publicações de textos linguísticos, nenhum trabalho completo de descrição do sistema do português havia vindo a lume sob o manto do modelo histórico-comparativo[10]. No entanto, o próprio Júlio Ribeiro lançara um ano antes o seu *Traços gerais de linguística* (1880), um breve relato das principais teses que viria a aplicar em sua gramática, em que desfilam os conceitos evolucionistas de August Schleicher (1821-1868) e se fazem referências interessantes sobre a relação entre Charles Darwin e os estudos linguísticos.

Some-se a essas informações outra constatação: cerca de dois anos após a publicação da *Gramatica portuguesa* de Ribeiro, surge no cenário acadêmico o *Manual do examinando de português* (1883), de Antônio Estêvão da Costa e Cunha (1839-?)[11], um texto de ca-

---

[8] Versão ampliada do original publicado na *Revista Portuguesa de Humanidades*. Braga: Universidade Católica Portuguesa, v. III, n.1/2, 2000, p. 191-205.

[9] Em Cavaliere (2000), denominamos *gramática científica* este período que se inicia com Júlio Ribeiro — pautado na nova "ciência da linguagem" — e se encerra com a geração de gramáticos que surge na terceira década do século XX. Sílvio Elia (1975) opta pela denominação *período científico*, que, em sua concepção, se estende até meados do século XX.

[10] Sobre a periodização dos estudos linguísticos no Brasil, leia Cavaliere (2002). Sobre os parâmetros da gramática científica, leia Cavaliere (2000), Fávero e Molina (2006), Santos (2010) e Gonçalves (2012).

[11] Sobre o papel de Antônio Estêvão da Costa e Cunha no panorama educacional dos Oitocentos, leia Costa e Cunha (2008).

ráter descritivo e normativo, conforme ordinariamente se caracterizavam os trabalhos da época, com evidente pendor didático, cujas referências teóricas nitidamente remetem à escola histórico--comparativa alemã. Costa e Cunha adverte nas páginas iniciais de sua obra que uma nova abordagem dos estudos linguísticos se inaugura com a "sciencia da linguagem"[12], que "comprehende a *philologia* e a *glottologia*, por alguns denominada philologia geral", para mais especificamente adiante asseverar que "a *glottologia* (ou *glóttica*, ou *linguistica*, ou *philologia geral* ou *comparada*) é o estudo analytico das línguas" (1883:3).

Esse simples exemplo já dá conta de um viés antirracionalista no *Manual do examinando de português*, que se amplia com certas preocupações típicas da corrente analitista que se dedica à "anatomia da língua" nos últimos decênios do século XIX, a par da breve, mas, afinal, presente, referência à mudança linguística — nas palavras de Costa e Cunha, "transformação da linguagem" (1883:11) — como objeto de interesse da pesquisa histórica da língua e à analogia como fato inerente ao fenômeno da mudança.

Em suas fontes doutrinárias, o hesitante trilhar de Costa e Cunha ordena, quase na mesma página, os nomes de Soares Barbosa (1737-1816) e de Francisco Sotero dos Reis (1800-1871) ao lado de Friedrich Christian Diez (1794-1876) e Francisco Adolfo Coelho (1847-1919). Já sua descrição do português tenta harmonizar teses racionalistas, como a classificação metafísica do verbo em *verbo substantivo* e *verbo adjetivo*, com a visão renovada da gramática que situa a lexiologia e a sintaxe em planos gerais de descrição da matéria linguística.

Por sinal, nove anos antes de vir a lume o *Manual do examinando*, Costa e Cunha já publicara seu *Novo método teórico-prático de análise sintática* (1874), um volume absolutamente consoante com o perfil dos trabalhos do período científico, mormente em face do detalhado pendor analitista na seara da sintaxe, fato incompatível com o modelo racionalista, a par do uso de uma metalinguagem típica dos manuais de língua vernácula produzidos sob inspiração histórico-comparativa. Nesse pequeno trabalho, Costa e Cunha decerto não

---

[12] A denominação da gramática como "ciência", por si só, não caracteriza um texto como do período científico, já que a variabilíssima concepção de ciência entre os gramáticos conferia ao termo um indesejável valor polissêmico. Sotero dos Reis, por exemplo, define a gramatical geral como ciência, tendo em vista seus princípios universais: "a Grammatica Geral é uma sciencia porque tem por objeto a especulação razoada dos princípios immutaveis e geraes da palavra" (1871 [¹1866]:VI).

informa as bases teóricas de que se serviu, mas não há dúvida de que seu método é o de investigar a "anatomia da língua", em que se invade o organismo linguístico para depreender a função de seus elementos constitutivos. Advirta-se, ainda, que um ano antes de vir a lume a *Gramática portuguesa* de Júlio Ribeiro, Costa e Cunha publica sua *Gramática elementar* (1880), em que se aliam conceitos meramente normativos — e, portanto, tradicionais — a outros de caráter inovador, tais como a referência à Linguística como ciência dedicada ao estudo da gramática geral e a distinção clara entre *arte gramatical e ciência gramatical*. Como se percebe, pois, antes de Júlio Ribeiro, os ecos da nova escola linguística já se faziam ouvir em Costa e Cunha, salvo melhor análise dos fatos aqui referidos.

Até o início da sétima década do século XIX, o pensamento gramatical brasileiro atrelava-se aos cânones racionalistas de Port-Royal, com subordinação do fato linguístico ao conceito lógico-filosófico. Da antiga escola, destacam-se os trabalhos do grupo maranhense, liderado por Francisco Sotero dos Reis (1800-1871)[13], a par dos textos iniciais do baiano Ernesto Carneiro Ribeiro (1939-1920)[14]. Advirta-se que o termo "gramática filosófica" nem sempre expressa nesse momento dos estudos gramaticais brasileiros um ideário estreito com o racionalismo predominante até o final do século anterior. O termo por vezes significa algo assemelhado a "gramática geral", no sentido de dedicar-se não propriamente ao estudo de uma língua determinada, mas à investigação da linguagem humana *lato sensu*. A confusão quanto ao uso do adjetivo *filosófico* se deve, certamente, à natural balbúrdia designativa cm momentos de intensa ruptura, em que os conceitos de um novo paradigma científico acabam imiscuindo-se com outros da velha ordem[15].

A nova vertente da *gramática científica*, cujo marco introdutório, como já comentamos, se vem atribuindo a Júlio Ribeiro, constitui um natural efeito da intensa influência dos estudos histórico-com-

---

[13] Ao historiógrafo da gramática, impõe-se a leitura de Reis (1871 [¹1866]), um dos textos mais representativos do período racionalista no Brasil.

[14] Autor de extensa obra, Carneiro Ribeiro demonstra sensível mudança de rumos, do ponto de vista teórico, com a publicação do volume *Serões gramaticais* (1955 [¹1890]), seu texto mais expressivo. Enquanto nos primeiros trabalhos sua perspectiva é a do modelo racionalista (1958 [¹1885]), nos *Serões* evidenciam-se a filiação do autor às teses da Linguística Histórico-Comparativa.

[15] Ernesto Carneiro Ribeiro, por exemplo, assevera que a gramática filosófica "estuda as regras gramaticaes, prendendo-as e ligando-as aos princípios geraes, que as explicão e justificão" (1958 [¹1877]:391).

parativos desenvolvidos no Velho Mundo, sobretudo as teses evolucionistas difundidas por August Schleicher (1821-1868). O traço de modernidade que distingue a nova ordem reside na descrição da língua com foco sobre o fato concreto, ou, como se costumava dizer, sobre a "matéria linguística", em detrimento da especulação meramente conceitual. Em outros termos, rompia-se com o mentalismo severo da escola racionalista, para ingressar-se com entusiasmo no empirismo envolvente que as ciências naturais tanto fizeram disseminar já nas primeiras décadas do século XIX[16].

O ambiente intelectual e o clima de euforia generalizado, decorrente das inovações tecnológicas que chegavam ao Brasil nesse momento de sua história social, construíram o palco das mudanças radicais que se testemunharam em vários campos da ciência, inclusive na seara dos estudos linguísticos e sua aplicação nas modernas propostas pedagógicas pautadas no numa tríade metodológica composta por taxionomia, descrição e análise do fato linguístico. Há, por assim dizer, uma íntima relação entre o avanço tecnológico que se instala no corpo da sociedade e a vontade de renovação no plano educacional, o que se comprova, afinal, com a proposta de renovação curricular para o ensino da língua portuguesa criada por Fausto Barreto (1852-1908) em 1887. Como bem assinala Neusa Bastos et alii, "é neste contexto de adoção de novas ideias e da implantação das grandes invenções provenientes da Revolução Científico-Tecnológica que o país toma conhecimento dos novos meios de comunicação, a telegrafia sem fio, o telefone, a imprensa ilustrada, a indústria fonográfica, o rádio, o cinema, os meios de transporte, o bonde, a aviação" (2006:64).

Destarte, no plano da ciência linguística, é com grande entusiasmo que os compêndios gramaticais brasileiros se deixam atrair pelas novéis propostas, cujas fontes eram sobretudo as gramáticas inglesas, francesas e portuguesas. Citem-se, por exemplo, os volumes lusitanos *A língua portuguesa* (1868), de Francisco Adolfo Coelho (1847-1919), além da *Gramática portuguesa elementar; fundada sobre o método histórico-comparativo* (1876), de Teófilo Braga (1843-1924). Igualmente relevantes, sobretudo na teoria sintática, a *Grammaire comparée de la langue française* (1885

---

[16] O método desenvolvido por August Schleicher para a reconstituição histórica das línguas (*Stammbaumtheorie*) — de grande repercussão no Brasil — é inspirado nos princípios de classificação botânica, em gêneros e espécies.

[¹1976]), obra de Nicolas-Louis Cyprien Ayer (1825-1884), que obteve intensa repercussão na pesquisa e ensino de língua vernácula no Brasil, e *A higher English gramar* (1875), de Alexander Bain (1818-1903).

2. O aspecto finalístico da gramática

Uma primeira avaliação, que ordinariamente se faz sobre os estudos do passado, costuma caracterizá-los como meramente normativos. O hábito, supomos, decorre dessa referência geral e indiscriminada aos estudos antigos, sem preocupação de sistematizá-los em face da época em que surgiram e da vertente científica a que se filiavam. A rigor, a crítica resulta de uma leitura inepta, em que não se distinguem as obras mais representativas das rotineiras, numa ladainha de repetições em que inúmeros textos publicados ao longo de várias décadas de intensa produtividade recebem o mesmo tratamento, como se advindos da mesma lavra.

Por sinal, o principal óbice à avaliação justa dos textos antigos está na falta de critério na seleção das fontes de referência, de tal sorte que gramáticos de discutível relevância no panorama historiográfico — citem-se, por exemplo, Antônio de Castro Lopes (1827-1901) e Laudelino Freire (1873-1937), cujas ideias puristas pecavam pela arbitrariedade gratuita — imiscuem-se com outros cuja obra é dotada de rica fundamentação científica, com evidente prejuízo para os últimos.

O que se abstrai da avaliação criteriosa dos textos publicados no período da gramática científica brasileira é um conceito plural de gramática, que se define em função do objeto específico de determinada área de pesquisa. Em linhas sintéticas, o conceito de gramática à época variava em função do objeto: *gramática geral*, que tratava das leis universais da língua; *gramática descritiva*, que cuidava da exposição sistemática de uma dada língua particular; *gramática histórica*, que visava ao restabelecimento do percurso diacrônico da língua; *gramática prática*, de caráter ordinariamente prescritivo, que se voltava exclusivamente para o ensino de língua materna.

As melhores gramáticas brasileiras do período científico, a despeito de terem efetivo caráter prescritivo, jamais se desviaram totalmente de um escopo descritivo, o que lhes dá feição híbrida, descritivo-prescritiva, bastante diferente da que caracteriza os compêndios normativos que se limitam a arrolar gratuita e sinteticamente as regras do uso correto da língua.

A feição genérica da gramática brasileira do período científico, portanto, espelha uma formulação em que coexistem os aspectos *universal, descritivo* e *prescritivo*. Nos melhores volumes, esta concepção tridimensional integra as preocupações do gramático, com natural ênfase em um dos aspectos, via de regra o descritivo.

A presença do aspecto universal, sem dúvida, resulta da própria perspectiva universalista da linguística do século XIX, com suas leis gerais sobre a concepção da língua. Em sua definição de gramática, Maximino Maciel (1866-1923) afirma que se trata da "systematização logica dos factos e normas de uma língua qualquer" (1922 [¹1894]:1). Os termos presentes nessa definição merecem atenta reflexão, pois atuam como ícones do pensamento linguístico da época. A busca de uma "systematização logica" inscreve-se no ideário positivista da ordenação dos fatos como premissa de análise, além de servir de investigação empírica eficaz. Nesse sentido, a sinopse das gramáticas trazidas a lume no período científico — em que via de regra se alinham três grandes setores: *fonologia, lexiologia* e *sintaxe* — é extremamente precisa na denominação e hierarquização da matéria desenvolvida.

Fatos e *normas* são termos de referência na linguística do século XIX, que, na busca das leis gerais que regem a evolução da língua, mergulha na análise diacrônica das línguas vernáculas modernas, com retorno necessário às fontes clássicas, de tal sorte que se possam descrever e comparar seus elementos constituintes.

O cunho universalista da definição de Maciel, entretanto, reside na expressão "língua qualquer". Seu uso implica uma visão do fato gramatical no nível mais abstrato que então se podia conceber: o das leis universais que configuram a própria gênese da linguagem humana. O próprio Maciel ratifica essa postura ao definir "gramática geral" ou "glossologia" como o tratado das "normas gerais e abstractas que se poderiam applicar á expressão do pensamento ou á linguagem" (1922 [¹1894]:2).

Esse conceito de gramática denota a intenção de reposicionar o objeto da pesquisa gramatical, que sai do *locus* menor da língua vernácula para o *locus* mais amplo da "expressão do pensamento" ou da "linguagem". Há uma preferência latente pelo termo glossologia na definição de Maciel, que bem revela a percepção do linguista de que o uso de *gramática* para conceituar área de investigação tão abstrata poderia implicar entendimento deturpado da exata dimensão deste estudo. Em outra definição de gramática, essa residente no opúsculo *Philologia portuguesa* (1889:1), Maciel ratifica a tese do estudo universalista:

> Grammatica é o tractado dos factos e dos phenomenos da linguagem em todas as suas manifestações exteriores.
>
> Em accepção mais ampla e considerada sob o domínio philologico, a grammatica pode definir-se — o estudo circunstanciado e methodico dos phenomenos e das leis da linguagem humana.

Ao usar a expressão "todas as suas manifestações exteriores", Maciel exclui do domínio da gramática o estudo da relação língua — pensamento. A "accepção mais ampla" a que se refere o filólogo sergipano certamente abre horizontes mais largos para os domínios da gramática, mas esta não é a perspectiva que se apresenta em sua obra.

Na verdade, a gramática brasileira, pautada na escola histórico-comparativa, não tinha olhos para o estudo mentalista da linguagem humana. O campo de atuação circunscrevia-se ao estudo "material" da língua, com notável ênfase, *ipso facto*, na fonologia (que trata dos "elementos materiais") e na morfologia (voltada para os elementos orgânicos). Nesse sentido, as bases epistemológicas que norteavam a História Natural, a Física e a Biologia passaram a ser empregadas analogamente na Linguística, que se intitulava a "ciência da linguagem".

Significativa, a respeito, a definição de gramática que oferece Ernesto Carneiro Ribeiro, cuja obra, inicialmente pautada na antiga ordem racionalista, desviou o rumo para o cientificismo reinante no final do século passado a partir da publicação do volume *Serões gramaticais* (1955 [[1]1890]:3):

> Considerada de modo theorico, pode a grammatica definir-se a sciencia da linguagem: é seu objeto o estudo das leis ou normas segundo as quaes se exprime o pensamento pela linguagem, quer escripta, quer fallada (...)
> A grammatica geral tem por assumpto os princípios universais e invariáveis da linguagem; estuda os factos, as leis reguladoras da linguagem na sua maior magnitude.

Observe-se que, aqui, o termo *leis* não expressa propriamente o preceito gramatical em defesa do bem dizer, mas o princípio científico que explica e descreve o fato linguístico, naquela vertente da *Gesetz* de que nos fala a linguística de August Schleicher e de Wilhelm Scherer (1841-1886). O termo *regra* também é amplamente usado com esse sentido na gramática científica brasileira, como observamos na seguinte definição do filólogo Manuel Said Ali (1966 [¹1922?]:15): "Gramática é o conjunto das regras observadas em um ou mais idiomas relativas aos sons ou fonemas, às formas dos vocábulos e à combinação dêstes em proposições".

No que tange ao viés descritivo, vale tecer comentário especial. Inicialmente, cumpre advertir que cabia ao gramático a tarefa de descrever uma dada vertente da língua em uso, especificamente o que então se concebia como norma escrita culta. A questão é que, por seguirem metodologia emprestada à filologia românica do século XIX, com especial cultivo da língua histórica, os gramáticos só utilizam *corpora* literários. Era, por assim dizer, uma questão prejudicial, no sentido de que só se admitia a língua literária como expressão de uma norma historicamente consolidada.

Destarte, não obstante a descrição estivesse bem ajustada a uma norma escrita atual, sua corroboração materializava-se em textos antigos, a maioria de autores portugueses — salvo algumas exceções de romancistas e poetas brasileiros contemporâneos, como José de Alencar e Gonçalves Dias. Ficou, pois, a impressão superficial de anacronismo.

Nada mais injusto. O estudo sincrônico sempre esteve presente no conjuntos das preocupações dos gramáticos brasileiros. Said Ali, por exemplo, em conclusão adjeta à definição de gramática retrocitada, é taxativo: "Grammatica descriptiva é a que expõe os factos da lingua atual" (1966 [¹1922?:15) Nessa mesma esteira, assevera Eduardo Carlos Pereira (1855-1923), filólogo paulista de exponencial projeção nos verdes anos do século XX, que a gramática descritiva "expõe ou descreve methodicamente os factos actuais de uma lingua" (1909 [¹1907]:6).

No domínio dos estudos vernáculos, sempre haverá um tom prescritivo, ao menos subsidiário à descrição. Isso porque o vernaculista trabalha com a variação dos usos linguísticos, de que decorre natural edificação de uma ou várias normas de uso. A norma, a rigor, não é criação do gramático; seus parâmetros estão num códice comportamental que o falante elege como exemplar[17]. Cabe ao gramático recorrer às fontes, sejam de língua oral ou escrita, para descrever os parâmetros dessa norma, sem interferir em sua essência, sob pena de corromper o objeto da descrição. O gramático, em síntese, torna positiva uma norma consuetudinária. Natural, pois, que a gramática do período científico cumprissem essa dupla missão, descritivo-prescritiva. A melhor opinião da época, a respeito dessa postura híbrida, é da lavra de Eduardo Carlos Pereira, que inspirado na doutrina de Arsène Darmesteter (1846-1888), deixa bem claro o escopo dual da gramática como ciência e como arte. Leiamos a opinião de Eduardo Carlos Pereira acerca dessa relevante questão, deveras importante por sintetizar a feição da gramática brasileira da época (1909 [¹1907]:3):

> Grammatica é a sciencia das palavras e suas relações, ou a arte de usar as palavras com acerto na expressão do pensamento" — é a definição de nossas edições anteriores. Ahi encaravamos os dois aspectos da grammatica — o especulativo e o pratico, seguindo a generalidade dos competentes na matéria. A grammmatica, define-a Mason, é a sciencia que trata do discurso ou da linguagem. E o exímio romanista Arsène Darmesteter, cuja autoridade está acima de qualquer contestação, escreve, a introdução do seu *Cour de Grammaire Historique de la Langue Française*: "A concepção de grammatica como sciência é, podemos dizê-lo, uma idéia nova, nascida com a linguistica moderna. Assim entendida, é a grammatica de uma língua a determinação das leis naturaes, que a regem em sua evolução histórica. A grammatica, accrescenta elle, póde ser considerada como arte. Deste modo a encaram os gregos e os latinos, e a Edade-Media, e assim a encaram os grammaticos modernos que não se prendem à escola histórica." Da antiga Roma nos veio esta definição: *A grammatica é a arte de escrever e falar correctamente*. Existe uma boa tradição: a grammatica tem o dever de a tornar conhecida e defendê-la contra qualquer alteração. É ensinando o bom uso que ella não se contenta em ser *sciencia*, e torna-se *arte*.

Em síntese, a dupla feição da gramática brasileira do período científico — descritiva e prescritiva — visava a compatibilizar a função de investigar e descrever, tarefa que a ciência linguística

---

[17] Sobre o conceito de exemplaridade, veja Coseriu (1977) e Bechara (1999).

trazia para a seara dos estudos vernáculos, com a função de prescrever, imperativa segundo a tradição pedagógica dos compêndios gramaticais.

3. A sinopse gramatical

Júlio Ribeiro, em sua *Gramatica portuguesa*, subdivide a matéria gramatical em duas grandes partes: *lexiologia* e *sintaxe*. Essa proposta de sinopse gramatical, amplamente acatada pelos gramáticos do final do século passado, baseava-se na descrição oferecida por vernaculistas europeus, sobretudo Pierre Burgraff (1803-1881), *Principes de grammaire générale* (1863) e Cyprien Ayer, *Grammmaire comparée de la langue française* (1885 [¹1876]). De caráter bidimensional, a proposta sedimentou-se no planejamento do edifício gramatical ao longo das duas últimas décadas do século passado, com natural acolhimento, sem grandes modificações — a maioria de caráter terminológico —, de renomados filólogos do alvorecer do século XX, entre eles Alfredo Gomes (1859-1924) e Eduardo Carlos Pereira[18]. Em termos sintéticos, a gramática científica brasileira dirige o foco da investigação para a palavra, considerada em todos os seus aspectos, de tal sorte que à lexiologia cabia estudá-la como elemento isolado e à sintaxe investigar os mecanismos de sua correlação na proposição.

Nesse mister, o macrossetor da lexiologia subdivide-se em outros dois grandes campos de investigação: a *fonologia*, com suas ramificações ordinárias (*fonética*, *prosódia* e *ortografia*) e a *morfologia*, também subdividida em ramos específicos: a *taxinomia*, que cuida da classificação das palavras, a *ptoseonomia*, que lida com as flexões e a *etimologia*, que circunda o estudo histórico-evolutivo, com aderência da análise dos elementos orgânicos (afixos, radicais, raízes etc.).

Cumpre advertir que uma significativa variação terminológica atingia esses ramos da lexiologia, de que resulta alguma confusão no uso da metalinguagem, sobretudo para os que se aventuram em uma primeira leitura dessas obras. Também notável observar que, conforme resultaria pacífico na sinopse da gramática escolar brasileira ao longo de todo o século XX, a *ortografia* gozava de lugar cativo no edifício gramatical, não obstante em sede inusitada, a da

---

[18] Como já observamos anteriormente, alguns filólogos optaram pela tríade *fonologia*, *lexeologia* e *sintaxe*.

fonologia. Isso porque, como se considerava a palavra o centro da investigação linguística, à fonologia, incumbida da análise de sua matéria fônica — os sons da fala —, impunha-se também, por conexão, a tarefa de descrever o sistema gráfico de representação desses sons. A gramática do século XX, entretanto, desvinculou a ortografia da fonologia, situando-a como segmento autônomo que viria sofrer progressivo desprestígio ao longo dos anos subsequentes.

Já o amplíssimo segmento da sintaxe, na lição de Eduardo Carlos Pereira "o estudo das palavras combinadas" (1909 [[1]1907]:180), não se fazia preterir. Cumpre advertir, a princípio, que, na gramática científica brasileira, a função sintática não é propriamente uma entidade abstrata, que a palavra ocupa como item lexical; pelo contrário, a função sintática é uma *atributo* da palavra, e sua determinação é definida tendo em vista as relações vocabulares inter e intraoracionais.

Nesse sentido, é comum subdividir-se a sintaxe em *relacional* (ou *léxica*), que considera as palavras especificamente em suas relações dentro da frase, e *fraseológica* (ou *lógica*) que as estuda em conjunto, dentro da proposição "considerada em sua estrutura" (Ribeiro, 1911 [[1]1881]:291) e em face das demais proposições que constituem o período. A sintaxe relacional, especificamente, cuida do estudo da palavra na proposição, seja quanto a sua função, seja quanto a suas relações com outras, aí incluída a concordância e a toponímia lexical.

A expressão *função sintática*, como assevera Maximino Maciel, resume-se no "papel que na proposição exerce a palavra, como resultado syntactico das suas relações"(1922 [[1]1894]:253). Impõe-se aqui uma ressalva necessária: segundo a concepção predominante na virada do século, a função sintática era um traço vocabular decorrente da *relação sintática*, de que se justifica a denominação predominante de "sintaxe das relações". Por esse motivo, alguns gramáticos — caso de Júlio Ribeiro, por exemplo — prefeririam o termos *relação subjetiva, relação predicativa* a *função subjetiva, função predicativa* etc.; ou seja, seu escopo de análise era o processo, não o efeito.

A concepção de *termo sintático*, entidade em nível de abstração mais elevado do que a palavra, não vigora pelos motivos já aqui declinados. Há, sim, uma concepção de estrutura sintática em que as relações são expressas diretamente pela palavra, como bem se observa nesta definição de Maximino Maciel: "A palavra ou expressão em funcção subjectiva diz-se sujeito" (1922 [¹1894]:254).

O uso eventual da designação *termo* em determinadas obras — cita-o mais de uma vez Eduardo Carlos Pereira — não nos autoriza a supor uma concepção mais abstrata dos membros da proposição: trata-se de mera variação terminológica.

Em Said Ali, sobretudo na *Gramatica secundária*, *termo* aparece com ordinária frequência, mas parece ser mero sinônimo de *palavra* em exercício de função sintática, conceito, por sinal, adotado até os dias atuais por grande segmento dos estudiosos de língua vernácula. A prova dessa sinonímia parece inequívoca nesta definição de Ali: "Oração é a combinação de palavras (e às vezes uma só palavra) com que nos dirigimos a alguém" (1966 [1922(?)]:125).

Verifica-se, em síntese, que a sinopse gramatical situa a sintaxe como uma das duas primeiras subdivisões ou segmentos da gramática; ademais, costumava-se subdividi-la segundo o foco das relações sintáticas em sintaxe relacional e sintaxe fraseológica, cabendo àquela o estudo das funções e das relações vocabulares na frase e a esta a investigação das proposições e suas diversas inter--relações. Essa bifurcação, hoje, difundido o conceito de sintagma como unidade funcional da estrutura sintática que pode resumir--se em uma palavra, uma locução, uma oração, ou mesmo em um morfema, parece não cumprir mais que mero papel didático na exposição da teoria sintática em sala de aula.

4. Duas concepções extravagantes da sinopse gramatical

Convém, ainda que em simples alinhavo, tecer comentário sobre duas concepções extravagantes da sinopse gramatical que, vistas com as lentes hodiernas, constituem momentos decisivos na história da gramática brasileira. Referimo-nos à proposta de Maximino Maciel, amplamente difundida nas páginas da *Gramática descritiva*, e a de Said Ali, exposta em sua *Gramática secundária*.

Com Maximino Maciel, a concepção da sinopse gramatical seria ampliada para quatro partes fundamentais: *fonologia, lexiologia, sintaxilogia* e *semiologia*. A presença da fonologia como segmento autônomo não chega a surpreender, visto que, conforme já fizemos observar reiteradamente, outros filólogos contemporâneos do estudioso sergipano[19] seguiam a mesma linha descritiva. Essa

---
[19] Assim procede, por exemplo, Ernesto Carneiro Ribeiro na *Grammatica philosophica*.

corrente acatava a tese de que o estudo dos "sons constitutivos das palavras debaixo de todos os pontos de vista" — a que denominavam *fonemas* — não podia integrar o amplo cenário da lexiologia, tendo em vista a diversidade de objeto. O ponto notável da sinopse edificada por Maciel está na inclusão de um segmento inédito, a semiologia, especialmente voltado para o estudo do significado das palavras.

Os estudos semânticos já se haviam alçado a patamar superior pela pena de Michel Bréal (1832-1915; 1897) e, no Brasil, com a contribuição de Manuel Pacheco da Silva Júnior 1842-1899; 1903. Sua inclusão na sinopse gramatical brasileira, entretanto, é da iniciativa de Maximino Maciel. O fundamento está na especificidade da matéria tocada pela semântica, bastante distante dos "elementos materiais" da fonologia e dos "elementos orgânicos" da morfologia. Na concepção de Maciel, a *semiologia* dá conta das alterações diacrônicas do significado das palavras, além de dedicar-se ao estudo específico dos tropos. Surpreendentemente, a presença da semântica na sinopse gramatical não se consolidou nos volumes brasileiros do século XX, que optaram por menção circunstancial e assistemática a esse importante segmento dos estudos linguísticos.

O grande cisma na concepção da sinopse gramatical brasileira, entretanto, viria apenas em 1922?, com a publicação da *Gramática secundária*, de Manuel Said Ali. Seu traço idiossincrático está na radical simplificação do organograma das partes da gramática, a ponto de reduzirem-se a apenas três grandes blocos temáticos indivisíveis: *fonologia, lexiologia* (*morfologia*) e *sintaxe*. Esse, por sinal, o modelo que viria influenciar a maioria dos gramáticos brasileiros a partir da terceira década do século XX, para finalmente ser adotado na Nomenclatura Gramatical Brasileira de 1959.

Observe-se que, em Said Ali, não obstante mantenham-se a morfologia e a sintaxe como segmentos autônomos, percebe-se um esboço de conexão entre os dois grandes ramos da gramática, no sentido de que certas funções sintáticas estariam vinculadas a determinadas partes do discurso em especial. Vale notar que, com sua usual feição idiossincrásica, Said Ali opta por descrever os mecanismos sintáticos não a partir da palavra, mas da oração, que seria, por assim dizer, não o elemento mínimo da estrutura sintática da língua, mas a estrutura basilar da análise sintática. Nesse sentido,

Ali descarta a subdivisão sintaxe relacional — sintaxe fraseológica, já que ambas as partes resumir-se-iam no estudo da oração, seja em seus termos constituintes, seja em suas relações no período.

A contribuição de Said Ali, nesse sentido, revela-se fundamental para a simplificação do estudo gramatical, bem como para a integração ou conexão entre a sintaxe e a morfologia, postura, por sinal, acatada pelos estudos estruturalistas do século XX sob a rubrica da morfossintaxe. Do ponto de vista doutrinário, a obra de Said Ali também se reveste de notável destaque, já que o filólogo fluminense se inscreve entre os raros estudiosos do período científico que procuram aplicar nos estudos vernáculos portugueses a proposta teorética dos neogramáticos.

Com efeito, a referência aos neogramáticos na bibliografia linguística dos Oitocentos e início dos Novecentos não é expressiva. Nos primeiros anos deste século, encontramos referência direta à doutrina dos neogramáticos apenas na obra *Dificuldades da língua portuguesa* (1966 [¹1908]), em que Said Ali toca questões sintáticas complexas, como o emprego do infinitivo pessoal e o papel sintático do *se* apassivador. Nesses textos, o filólogo fluminense se ampara nas teses psicolinguísticas sobre a natureza da linguagem humana para apoiar boa parte de sua descrição sintática do português[20].

Cabe, entretanto, atestar que, já em 1889, demonstrando atualíssima leitura da doutrina estrangeira, João Ribeiro (1860-1934) traça mais de uma referência ao trabalho dos neogramáticos em seu *Dicionário gramatical* (1906 [¹1889]). Sobre o princípio da analogia, por exemplo, Ribeiro adverte quanto ao perigo de seu uso indiscriminado, por ser "tão extensivo e intenso que os neogrammaticos explicam, por elle, todas as excepções ás leis phoneticas das linguas" (1906 [¹1889]:8). Também ao conceituar *ênfase*, como polo oposto à *degeneração* no processo de mudança linguística, Ribeiro remete diretamente aos neogramáticos: "Entre os neogrammaticos a emphase exprime o conjuncto de todas as tendencias de integração, isto é, todas as forças que se oppõem á degeneração das linguas" (1906 [¹1889]:11).

---

[20] No ensaio *Verbos sem sujeito*, Said Ali, escudado nas hipóteses de Hermann Paul (1846-1921) e Georg von der Gabelentz (1840-1893), assevera que a diferença entre o francês *il ya des maisons* e o português *há casas* está em que no primeiro o sujeito psicológico (conceitual) corresponde a um sujeito sintático, ao passo que no segundo o sujeito sintático não se realiza: permanece apenas o psicológico. A tese de que o sujeito é inexistente, segundo Said Ali, fundamenta-se numa análise sintática positivista, que só enxerga o verbo e não o sujeito (1966 [¹1908:79).

Não escapa à percepção de Ribeiro o traço mais representativo do paradigma proposto pelos cientistas de Leipzig: a pesquisa linguística baseada nos fundamentos da psicologia (1906 [¹1889]:322-323):

> Em resumo, o principal ponto em que se dividem as escolas consiste na consideração do elemento psychico que a nova escola [neogramática] dá como factor de grande preponderancia. D'ahi a necessidade de completar o antigo estudo da acção physiologica por um estudo complexo dos factores espirituaes, que agem decisivamente na linguagem. Como consequencia inevitavel do systema, ver-se-á que em vez de preoccuparmo-nos com a lingua aryana primitiva, devemos exercer e applicar os methodos da sciencia sobre os monumentos que existem, actuaes, onde é fácil verificar-se e observar-se a dupla evolução material e espiritual das linguas.

Não há dúvida, portanto, de que os filólogos brasileiros, tirante as exceções mencionadas, pouco ou quase nada souberam do movimento dos neogramáticos, especificamente no tocante à proposta de estudo psicológico da linguagem humana. Nas obras do final do século XIX, naturalmente, não se poderia esperar tal referência, já que o manifesto dos "jovens gramáticos" antecede apenas em alguns anos a edição da *Gramática portuguesa*, de Júlio Ribeiro. Nossos filólogos do século XX, contudo, já teriam tido a oportunidade de conhecer a teoria de Karl Brugmann (1849-1919) e Berthold Delbrück (1842-1922), de tal sorte que ao menos lhe fizessem alguma referência.

Consideramos absolutamente pertinente a posição agasalhada por Kurt Jankowsky (1972) de que uma das maiores inadequações em que incorrem os manuais de história da linguística — e também textos de teoria linguística — está no uso do termo *neogramático* para caracterizar todos os estudiosos que consideravam a Linguística uma ciência natural, ou utilizavam o princípio das leis fonéticas e da pseudoanalogia em seus trabalhos. Alguns relatores da história da linguística brasileira, como o nosso Mattoso Camara (1904-1970)[21], chegam a vincular o termo neogramático ao mero rigor científico de fulcro positivista que construiu a perso-

---

[21] Leia, a respeito, Camara Jr. (2004 [¹1972]a). O próprio Mattoso Camara, entretanto, salienta em outro trabalho que "os neogramáticos não deram muita importância à lógica e, como enfatizara Brugmann no seu famoso *Prefácio às Investigações Morfológicas*, estavam muito mais interessados nos aspectos psíquicos dos processos linguísticos" (1975:76).

nalidade científica de filólogos como Mario Barreto (1879-1931) e Álvaro Ferdinando Sousa da Silveira (1883-1967), não obstante fossem absolutamente alheios à concepção mentalista da língua. Popularizou-se o termo *neogramáticos* por irradiação do inglês *neogrammarians*, este, por sua vez, um tradução do alemão *Junggrammatiker*. Cedo criou-se certa confusão quanto a seu significado, de sorte que alguns vinculavam equivocadamente o elemento *neo* às novas ideias emergentes acerca da concepção histórica das línguas. Na verdade, muitos dos princípios usados pelos neogramáticos — como o das leis fonéticas e o da pseudoanalogia — não eram novos, porém herdados da geração que erigira os pilares da linguística evolucionista. Ao que consta, o termo *neogramáticos* surgiu de um comentário ocasional de Georg Curtius (1820-1885) a respeito da idade dos jovens pesquisadores que integravam o grupo promissor de Leipzig — August Leskien (1840-1916), Karl Brugmann, Berthold Delbrück e Hermann Osthoff —, tendo-se desde logo popularizado na comunidade científica.

No Brasil, portanto, o paradigma da linguística que praticamente monopoliza as atenções a partir das duas últimas décadas do século XIX, com extensa repercussão nas primeiras do século XX, é o da gramática histórico-comparativa, sobretudo na vertente evolucionista que concebe a língua como organismo análogo ao dos seres vivos. Outras escolas, entretanto, deixaram marcas significativas na produção linguística brasileira, não obstante bastante tênues, como é o caso da influência dos neogramáticos retrorreferida, sobretudo na obra de Manuel Said Ali, e dos ecos do idealismo de Karl Vossler (1872-1949) nos textos de João Ribeiro.

A Corrente Racionalista da Gramática Brasileira no Século XIX[22]

Falar em gramática brasileira de língua portuguesa impõe remontar aos primeiros anos do século XIX, quando efetivamente começam a moldar-se as bases de um pensamento linguístico nacional. Com efeito, dois fatos políticos dos Oitocentos, de grande repercussão para a vida cultural do Brasil, criaram o ambiente favorável para que os naturais da terra se interessassem em escrever textos descritivos e normativos — bem mais normativos do que descritivos, saliente-se — sobre a língua portuguesa: a transferência da Corte para o Novo Mundo e a declaração de independência da colônia em 1922. Esses atos integram a construção das bases culturais e, sobretudo, educacionais necessárias para a formação de mentes linguísticas no seio da sociedade brasileira, objeto esse que contou com a progressiva disseminação do ensino básico a partir da chegada da Corte de D. João VI e o incremento do espírito nacionalista que naturalmente exsurgiu com a nova ordem institucional do Império.

Não obstante a corte imperial tenha fixado sede no Rio de Janeiro, verifica-se que os centros fomentadores de vida intelectual, em particular no tocante aos estudos humanísticos, desenvolveram-se nas províncias, sobretudo as do Norte e Nordeste. Sobre o fato, podem-se trazer à mesa de discussão algumas evidências de caráter social, cuja avaliação decerto contribuirá para explicar essa inexpressiva participação do Rio de Janeiro na construção da vida intelectual brasileira nos primórdios da instalação da Corte no Brasil. Não são poucos os depoimentos — leiam-se, sobretudo, Auguste de Saint-Hilaire (1779-1853; 1974) e João Armitage (1807-1856; 1943) — de que o Rio de Janeiro, no início do século XIX, gozava de má reputação. Jacques Arago (1790-1854; 1839) descreve a cidade como local de cinismo e depravação, ao passo que João Ar-

---

[22] Versão modificada da que consta em Assunção, Carlos; Fernandes, Gonçalo e Loureiro, Marlene (orgs.). *Ideias linguísticas na Península Ibérica* (séc. XIV a séc. XIX). 1. ed. Münster: Nodus Publikationem, 2010, v. 1, p. 107-118.

mitage considera a moral da Corte como tudo de mais baixo. Diz Horace Émile Say (1794-1860), que chegou ao Rio em 1815, onde manteve relações de comércio por vinte e cinco anos: "O Príncipe D. Pedro, jovem, sem experiência, tendo recebido educação muito incompleta e entregue precocemente a todas as desordens de uma corte corrompida, dispunha de poucos recursos para exercer o poder" (*apud* Monteiro, 1972:34).

Descontados os exageros, não se pode negar que o cenário sociocultural do Rio de Janeiro já não ia muito além de um desalentado marasmo até pouco antes chegada da família real no início do século XIX, visto que as forças de desenvolvimento social sucumbiam à quase absoluta falta de investimento estatal. Basta atestar que a fundação de escolas no Brasil até a Independência constituía raríssimo ato de Estado. No fim do século XVIII, como sabemos, não eram tão escassos os brasileiros de reconhecido talento científico ou artístico, bastando aqui citar os nomes de Antônio de Morais Silva (1755-1824), do poeta Antônio Pereira Sousa Caldas (1762-1814), do diplomata e publicista Hipólito da Costa (1724-1823), do matemático Francisco Vilela Barbosa (1769-1843), do químico Manuel Jacinto Nogueira da Gama — Marquês de Baependi (1765-1847), do botânico José Mariano da Conceição Veloso (1742-1811), do zoólogo Alexandre Rodrigues Ferreira (1756-1815), do mineralogista João da Silva Feijó (1760-1824), entre outros, a par dos conhecidos nomes literários: Inácio José de Alvarenga Peixoto (1744?-1793?), Cláudio Manuel da Costa (1729-1789), Frei José de Santa Rita Durão (1722-1784), José Basílio da Gama (1741-1795), entre outros igualmente relevantes.

O talento brasileiro, entretanto, era ainda esculpido em terras lusitanas, dado o pouquíssimo, quase nulo, investimento da sede do Reino no desenvolvimento cultural da colônia. Ademais, como afirma Tobias Monteiro, a "imensidade do território brasileiro era o maior dos obstáculos à realização da independência" (Monteiro, 1972:797), o que equivale à constatação de que a imensidão brasileira elevava-se como o maior desafio que se opunha à criação de uma verdadeira nação, com autonomia e condições para prover desenvolvimento econômico, social e cultural a todas as suas distantes províncias.

A tese de Tobias Monteiro, portanto, explica havermos demorado tanto, cerca de quarenta anos a partir da Independência, para atingir uma vida intelectual em dimensão nacional. A dificuldade das comunicações internas limitava o comércio de cada uma das circunscrições — anteriormente ligadas a Lisboa — a trocas com as províncias mais próximas e criava virtualmente quatro grupos territoriais regionais: Amazonas e Piauí; Ceará e Alagoas; Espírito Santo e o extremo Sul, ficando Sergipe e Bahia numa espécie de zona intermediaria (cf. Monteiro, 1972:797).

É comum afirmar-se que o Brasil sempre esteve atrás das demais colônias americanas até o limiar do século XIX, seja no progresso socioeconômico, seja na construção de bases culturais que dessem oportunidade ao surgimento de uma vida intelectual medianamente produtiva. Não obstante se possa assegurar que o ritmo de desenvolvimento brasileiro não tenha seguido o compasso do implementado na maioria das colônias hispânicas, igualmente se impõe admitir que o atraso econômico da colônia portuguesa era menor do que nossa crítica costuma fabricar. Basta dizer que a construção naval brasileira, incentivada desde o século XVI pelo governo de Francisco de Souza, culminaria no ano de 1770 com a fundação do Arsenal da Marinha, responsável durante mais de um século pela construção de numerosas e imponentes embarcações. Mesmo considerando a evidente vocação agropecuária da economia brasileira, não se podem olvidar esforços pontuais de industrialização da colônia ainda no século XVII, de que são exemplos as investidas na indústria têxtil no Pará e em Minas Gerais, além dos primeiros passos de uma indústria siderúrgica na região de Araçoiaba da Serra, em São Paulo.

Por outro lado, a constituição de uma ordem educacional eficiente o bastante para fomentar o saber e incentivar a eclosão do talento intelectual brasileiro sem dúvida capitulava sob uma frenagem que não se sabe bem fosse resultante do já aqui referido desinteresse da Corte portuguesa ou mesmo de uma deliberada política obscurantista, que inibisse a colônia na tentativa de caminhar com passos próprios. As evidências desse atraso são flagrantes: bastaria dizer que em 1821, quando a Argentina comemorava a fundação da Universidade de Buenos Aires, o Brasil ainda se valia predominantemente de mestres autônomos para prover ensino básico às elites sociais.

Quando em 1808 passaram a funcionar os dois primeiros prelos e oito caixas de tipos que compunham a Impressão Régia, fundada por D. João VI, as gráficas mexicanas já contavam com largo catálogo de obras científicas publicadas ao longo do século XVIII em todos os campos do saber.

Advirta-se ainda que o ritmo de produção intelectual impressa não chegou a entusiasmar até a Independência: entre 1808 e 1822, a Impressão Régia deu a público mil cento e cinquenta e quatro impressos, dentre obras científicas e literárias e, sobretudo, publicações da administração reinol, estagnada numa média de oitenta e dois volumes por ano (cf. Camargo e Morais, 1993). Entre os textos mais importantes, citem-se os *Elementos de geometria* e o *Tratado de trigonometria*, de Legendre, o *Ensaio sobre a crítica* e os *Ensaios morais*, de Pope, a par de obras literárias brasileiras, como *Marília de Dirceu*, de Gonzaga e *O Uraguai*, de Basílio da Gama. Destaque-se, por nosso especial interesse, o *Compêndio da gramática inglesa e portuguesa*, de Manuel José de Freitas[23], vinda a lume em 1820. Segundo o autor, a obra visava a facilitar a comunicação entre ingleses e portugueses nas crescentes relações comerciais que o início do século XIX testemunhava (Freitas, 1820:1).

No plano educacional *stricto sensu*, o Brasil ressentia-se da falta absoluta de investimento público ou privado, o que reduzia os estabelecimentos de ensino a algumas unidades providas por ordens religiosas ou sob amparo provincial. A inexistência de educação superior impunha aos mais abastados a via única das universidades europeias, mormente a Universidade de Coimbra, santuário das pretensões intelectuais na oligarquia colonial. Basta verificar, para corroborarmos a tese, a biografia de nossos setecentistas mais ilustres: Cláudio Manuel da Costa foi filho de portugueses abastados que o matricularam na escola jesuítica do Rio de Janeiro e posteriormente o enviaram a Coimbra para bacharelar-se em Direito; igual trajetória traça a vida de Santa Rita Durão, doutor em Filosofia e Teologia em Coimbra, de Tomás Antônio Gonzaga (1744-

---

[23] Trata-se de uma versão da *Nova grammatica ingleza e portuguesa*, que Manuel José de Freitas publicara na Inglaterra (1812) sob o pseudônimo de Manuel de Freitas Brazileiro, um traço de afirmação nacionalista que não era incomum entre intelectuais brasileiros que atuavam no exterior. Lembre-se, a respeito, a referência "natural do Rio de Janeiro", com que Antônio de Morais Silva se apresenta na folha de rosto do *Epítome de gramática portuguesa*. Uma excelente resenha biográfica de Manuel José de Freitas encontra-se em Magalhães (2013), que, embora trabalhe com riqueza de detalhes sobre sua vida, informa-nos não haver encontrado documentação sobre os anos de nascimento e a morte do autor.

1810), também laureado em Coimbra na área do Direito Natural, de Manuel Inácio da Silva Alvarenga (1749-1814), entre outros.

A rigor, a formação de cérebros em terras brasileiras só se consolidaria a partir da segunda década do período imperial, quando o país já contava com escolas de bom nível e algumas faculdades em áreas de conhecimento mais prestigiadas, como o Direito e a Medicina. Dessa nova ordem, beneficiam-se nomes como Álvares de Azevedo, formado em Direito em São Paulo, Laurindo Rabelo, médico bacharelado na Bahia e Joaquim Manuel de Macedo, formado médico no Rio de Janeiro (cf. Bosi, 1978).

Por outro lado, o conturbado cenário político do Rio de Janeiro nos primeiros anos pós-Independência coincidia, conforme já aqui observado, com uma estrutura social falimentar, fruto possivelmente do desinteresse secular por investimentos na colônia. Disso resulta, igualmente, uma inexpressiva vida cultural carioca até pelo menos o terceiro decênio do século XIX, não obstante se devam ressaltar algumas iniciativas pontuais de investimento na área da cultura, como a inauguração do Real Teatro de São João em 12 de outubro de 1813, a Criação da Biblioteca Nacional no Rio de Janeiro em 1814 e a chegada da Missão Francesa ao Brasil, com a fundação da Academia de Belas Artes em 1816. Saliente-se que o Brasil só contava com tipografias (algumas), não com editoras, o que inibia sensivelmente a iniciativa para publicação de livros sobre quaisquer temas.

Em aditamento, já no primeiro ano da Independência, anotam-se atos administrativos de sensível interesse pelo crescimento cultural da Corte, tais como a abertura de uma Escola Normal no Rio de Janeiro, a criação do Arquivo Público — na verdade, uma revitalização do Arquivo Público criado por D. João VI em 1808 —, a Fundação do Colégio das Educandas e o aumento do número de livrarias, como desdobramento da livraria de Saturnino da Veiga. Em 1826, o incremento artístico-cultural toma impulso definitivo com a Fundação da British Subscription Library, a inauguração do Teatro São Pedro de Alcântara e a Fundação do Museu e Gabinete de História.

Não se há de negar, entretanto, que a incipiente infraestrutura da Corte, dir-se-ia até mesmo deteriorada no tocante às bases das relações institucionais, teria conferido às províncias melhores condições para desenvolvimento de trabalhos individuais no tocante à língua e à didática do português em nível elementar. A criação de escolas, uma natural consequência do processo de desenvolvimento intelectual do novo Império, tomou rumo mais profícuo em algumas capitais provinciais, já que, a rigor, o grande ato institucional nesse sentido em terras cariocas só viria a concretizar-se em 1837, com o surgimento do Imperial Seminário São Joaquim (na verdade, uma modernização do antigo e assistencial Colégio São Pedro, criado em 1739), por obra de Bernardo Pereira de Vasconcelos (1795-1850), grande estadista e conselheiro do Império. Mais tarde foi denominado Ginásio Nacional e finalmente, já no Segundo Reinado, Colégio de Pedro II (mais tarde Colégio Pedro II).

Não terá sido, portanto, casual que grande volume de textos gramaticais sobre o português para uso em sala de aula viesse a lume tão somente a partir do final da primeira década da Independência, no seio das províncias, mormente as do Norte e Nordeste; a rigor, o foco das atenções filológicas passa a figurar no cenário da Corte somente a partir da segunda metade dos Oitocentos. São trabalhos moldados por um sentimento não de posse sobre a língua, que na verdade ainda era entendida como um traço de identidade lusitano, inclusive mediante ostensivo ensino da norma gramatical predominante nos textos literários portugueses, mas de capacitação para dizer sobre a língua, no sentido de que assim se expressava uma nova civilização consciente e ciosa dos valores culturais importados da Europa por uma sociedade emergente e intelectualmente necessitada de afirmação.

Ante de cuidar dos principais textos gramaticais brasileiros do denominado período racionalista, convém tecer breve referência à proposta de periodização dos estudos linguísticos no Brasil que propus em estudo publicado há alguns anos (Cavaliere, 2002). A proposta descreve o percurso dos estudos linguísticos brasileiros em quatro períodos: **embrionário**, que parte da publicação da *Gramática* de Anchieta (1595) à publicação do *Epítome de gramática portuguesa* de Morais Silva (1806); **racionalista**, que vai da publicação do *Epítome* à publicação da *Gramática portuguesa* de Júlio Ribeiro (1881); **científico**, que se inicia em Júlio Ribeiro e termina com a publicação dos *Princípios de linguística geral* de Mattoso Camara Jr. (1970 [[1]1941]); **linguístico**, que começa com a publicação dos *Princípios* e chega aos nossos dias. No período racionalista, alvo de interesse neste texto e marco inaugural da produção intelectual genuinamente brasileira na área dos estudos linguísticos, acolhem-se nos manuais sobre língua vernácula as teses da escola racionalista herdadas à *Gramática de Port Royal*, conforme adiante se especificará. Passemos, pois, aos principais textos brasileiros do período. Tirante o *Epítome*, de Antônio de Morais Silva e os conhecidos trabalhos de Frei do Amor Divino Caneca (1779-1825), que merecerão rápida referência adiante, também veio a lume antes da Independência o primeiro texto gramatical do português publicado no Brasil: trata-se da *Arte de gramática portuguesa* (1816), do padre Inácio Felizardo Fortes (?-1856), um volume dedicado ao ensino sob inspiração do *Novo método da gramatica latina* do Padre Antônio Pereira de Figueiredo (1725-1797), cujo teor, como se percebe, seguia a então difundida concepção didática da língua vernácula mediante natural vinculação com os parâmetros da gramática latina. Com esse perfil, a gramática de Inácio Felizardo Fortes goza de pioneirismo cronológico, já que efetivamente é a primeira de autor brasileiro que se publicou no Brasil, mas do ponto de vista conceptual apenas expressa uma linhagem de continuidade paradigmática herdada aos compêndios congêneres antes publicados em Portugal[24].

Dedicamos, pois, maior interesse aos trabalhos que vêm a lume a partir do final da primeira década do Primeiro Reinado, naturalmente de preponderante caráter normativo, mas desatrelados, ainda que parcialmente, do modelo latino. Sai no Maranhão, em 1929, o *Compêndio da gramática portuguesa*, pela lavra do padre Antônio da Costa Duarte, que alçou a expressivas seis edições ao longo de sua vida editorial (cf. Araújo, 2006a)[25]. Seguem-se-lhe a *Gramática elementar da língua portuguesa* (1840) do maranhense Filipe Benício de Oliveira Conduru (1818-1878), o *Breve compêndio de gramática portuguesa* (1844), publicado no Recife por Salvador Henrique de Albuquerque (1813-1880), culminando com a *Gramática portuguesa* (1871 [¹1866]), do maranhense Francisco Sotero dos Reis (1800-1871), apenas para citar os trabalhos de maior importância, já que não poucos os textos que merecem cuidadosa revisão crítica dos que se dedicam à pesquisa historiográfica.

---

[24] Sobre a *Arte de* Inácio Felizardo Fortes, leia em especial Kemmler (2013).

[25] Araújo oferece um competente panorama dos princípios linguísticos presentes na gramática de Costa Duarte, atribuindo-lhe o mérito de ser a primeira gramática brasileira, quando na verdade é a primeira gramática maranhense.

Cabe, pois, indagar acerca da concepção das obras escritas sobre a língua portuguesa no Brasil no período em tela: que fundamentação teórica terão, afinal, os primeiros textos gramaticais escritos por mãos brasileiras? Do ponto de vista doutrinário, como já assinalamos, pode-se afirmar que todos esses textos seguem uma linha homóloga de exposição dos fatos gramaticais, sob o ideário da gramática racionalista que se difundiu na Europa até pelo menos o final no século XVIII. Entretanto, a fonte imediata de nossos gramáticos na primeira metade do século XIX, onde buscavam não só as teses pedagógicas, mas também — e sobretudo — a metodologia de tratamento da língua como objeto de descrição, residia em dois textos portugueses de pujante presença no cenário acadêmico brasileiro ao longo de todo esse período: *A Gramática filosófica da língua portuguesa* (2004 [¹1822]), de Jerônimo Soares Barbosa (1737-1816), e a *Arte da gramática da língua portuguesa* (2000 [¹1770]), de Antônio José dos Reis Lobato (1721-1803?).

Esses dois textos, por sinal, são alvo recente de edificantes e renovados estudos, o que bem revela o presente interesse que despertam nas hostes filológicas portuguesas. O texto de Soares Barbosa mereceu uma edição fac-similar do emérito Professor Amadeu Torres, catedrático da Universidade Católica Portuguesa, com fulcro na edição de 1822; já a obra de Reis Lobato é objeto de cuidadosa edição crítica encetada pelas mãos competentes do filólogo Carlos Assunção, docente da Universidade de Trás-os-Montes e Alto Douro, sob os auspícios da Academia de Ciências de Lisboa.

O aparato doutrinário da gramática racionalista, como sabemos, partia de uma concepção da língua como fruto da capacidade humana de erigir o raciocínio lógico, razão por que o estudioso não hesitava em aplicar na descrição do fenômeno linguístico as leis que regulavam a estrutura do raciocínio. Essa abordagem, contudo, elevava-se da premissa de que o homem detém a primazia da arquitetura racional e se semelhante atributo era comum aos homens em geral, então haver-se-ia de compreender a língua — fruto da razão — igualmente dotada de elementos universais. A rigor, a gramática filosófica — que em princípio equivale à expressão gramática geral — busca reconhecer na língua os princípios genéricos que estão na concepção da razão humana.

Não sem fundamento, pois, a metalinguagem gramatical faz eclodir esse paralelo, em termos como *juízo*, para expressar o conteúdo semântico da frase, *substantivo*, para expressar a palavra através do conteúdo ontológico das coisas e *atributo* para expressar o valor dos adjetivos. A concepção do verbo *ser* como uma palavra que encerra a substância de toda e qualquer ação humana — daí *verbo substantivo* — fortifica essa aplicação dos universais da razão humana à descrição da língua.

No Brasil, decerto, os parâmetros da gramática filosófica foram extremamente atenuados pela pouca perspectiva doutrinária de nossos gramáticos, mais interessados em criar manuais normativos com regras do bem-dizer. Uma ordem linguística que só seria descaracterizada no final dos Oitocentos, com o advento da denominada *gramática científica*, calcada nos princípios da análise do fato gramatical. A primeira atitude em face dessa constatação é a de condenar o obscurantismo desses brasileiros, aparentemente carentes de visão científica suficiente para aplicar no gigante emergente das Américas as novas teses sobre estudo da língua que eclodiam no Velho Mundo. A análise sócio-histórica do Império brasileiro, entretanto, conduz-nos para outras conclusões.

Tratemos, por algumas linhas, do texto pioneiro no percurso histórico da gramática no Brasil. Cuidamos aqui do *Epítome da gramática da língua portuguesa*, de Antônio de Morais Silva, um texto gramatical que constitui a primeira tentativa de descrição sistêmica do português edificada por um intelectual nascido no Brasil, razão por que deve ser hoje lido e examinado como documento de especial valor historiográfico, sem prejuízo da relevância que possa auferir quanto ao mérito do conteúdo.

Não obstante o *Epítome* tenha sido escrito em 1802 — a primeira edição viria a lume apenas em 1806 —, semelhante fato não descaracteriza o que podemos denominar "caráter setecentista" da obra, visto que as ideias linguísticas que se manifestam em suas páginas são as que chegaram ao conhecimento de Morais Silva mediante leitura dos textos teóricos do século XVIII e certamente estavam no centro das discussões de quantos se dedicavam ao estudo sobre a linguagem nesse período. Assim, a proposta de Morais Silva no que tange ao ensino e à descrição do português, não obstante repouse em páginas escritas nos verdores do século XIX, pode ser historiograficamente reconhecida como um produto acadêmico do século XVIII, cujos frutos vicejaram com magnificente pujança no século seguinte, quando efetivamente começa a florescer o pensamento sobre a linguagem no seio da sociedade brasileira.

A referência a Morais Silva nos estudos historiográficos costuma limitar-se a seu veio lexicográfico, e ainda aqui com as restrições de praxe, que caracterizam sua obra como uma adaptação do dicionário de Rafael Bluteau (1638-1734), enriquecida pelo *Elucidário* de Joaquim de Santa Rosa de Viterbo (1744-1882). Ressaltem-se, entretanto, algumas opiniões abonadoras da produção lexiográfica em Morais, sobretudo como marco do registro lexical numa época em que a língua portuguesa tomava novos rumos, decorrentes da maior interação político-cultural entre Brasil e Portugal na virada do século XVIII para o século XIX, conforme assinala Telmo Verdelho (2003:474):

> (...) intensifica-se no Brasil o processo de transumância e de autonomia da língua, acrescentando ao português o estatuto de língua internacional e garantindo-lhe um futuro dinâmico, criativo e plural. (...) Neste quadro, o *Dicionário* de Morais Silva ocupa um lugar determinante. Desde logo como factor de relativa harmonia linguística e sinergia entre Portugal e o Brasil. Um dicionário contribui naturalmente para a homogeneidade e normalização da língua, e nesta conjuntura luso brasileira, dificilmente se poderia esperar um contributo mais adequado e eficaz para essa harmonia linguistica, do que o de um dicionário publicado em Portugal por um natural do Rio de Janeiro.

Há nessas palavras algumas assertivas que não se podem adjetivar como pacíficas, tais como a existência de uma homogeneidade e normalização linguística entre Brasil e Portugal na virada dos Oitocentos. Ressalte-se, entretanto, a efetiva simbologia que o *Dicionário* de Morais confere a um projeto, ainda que remoto à época, de registro diversificado dos usos linguísticos no contexto da tradição cosmopolita portuguesa em face da novel sociedade brasileira. Interessa-nos, mais que isso, a contribuição do Morais gramático para a descrição do português falado nos dois grandes polos de difusão do português como língua de cultura, fato que parece passar despercebido na leitura superficial do *Epítome*. Antônio de Morais Silva, enfim, é um dos eixos do que Pedro Calmon (1902-1985) denominou "tríplice independência do Brasil": a cultural, simbolizada pela atividade linguística de Morais, a econômica, presente no pensamento de José da Silva Lisboa (1756-1835) e a nacional, consolidada pela figura de José Bonifácio de Andrada e Silva (1763-1838).

Outro texto que contribui expressivamente para a construção do pensamento gramatical no Brasil, cujo ano de publicação não se pode hoje precisar, é o *Tratado de eloquência* (1972 [¹1875]), de Frei Caneca (1779-1825), orador, revolucionário político e publicista brasileiro, nascido em Recife, Pernambuco. Professor de Geometria e Retórica, Caneca em 1817 envolveu-se no movimento revolucionário de Pernambuco. Condenado, foi enviado para a Bahia onde cumpriu pena de quatro anos, entre 1817 e 1821. Na prisão, encontrou ânimo e denodado empenho para redigir um *Breve compêndio de gramática portuguesa* (1972 [¹1875]), texto que, aliado ao *Tratado*, demonstra grande vigor crítico sobre o ensino do português e, em certa medida, inovadores ares na seara descritiva.

A pauta doutrinária em Caneca não difere do usual apego às teses universalistas legadas à *grammaire raisonée*. Prova-o a objetiva definição de gramática, que abre um capítulo preambular da obra: "Grammatica é a arte de reduzir á regras os principios communs a todas as linguas" (1972 [¹1875]:17). O plano geral do *Breve compêndio* esteia-se na típica divisão quádrupla em *etimologia, ortografia, prosódia* e *sintaxe*, herdada à leitura dos gramáticos racionalistas. No tocante ao sistema ortográfico, por exemplo, Caneca pugna por uma relação fonema-letra de cunho biunívoco, embora suas regras não almejem concretizar esse desiderato. No entanto, soam bastante lúcidas suas propostas sobre o emprego do hífen e de dígrafos, sempre em busca de um plano ortográfico mais simples e fiel ao princípio da boa estratégia pedagógica.

O fluxo de textos escolares publicados para assessorar o professor de português na tarefa docente, enfim, viria a crescer significativamente com os gramáticos do aqui citado "grupo maranhense": Antônio da Costa Duarte, que publicou seu *Compêndio da gramatica portuguesa* em 1829, Filipe Benício de Oliveira Conduru, cuja *Gramática elementar da língua portuguesa*, vem a lume em 1850 e chegaria a expressivas onze edições, e, sobretudo, Francisco Sotero dos Reis, autor da prestigiada *Gramatica portuguesa acomodada aos princípios gerais da palavra* (1871 [¹1866]). Com efeito, desses ilustres maranhenses, Sotero do Reis foi o que mais contribuiu para a edificação de um perfil próprio aos nossos compêndios gramaticais, talvez por haver auferido maior projeção e êxito editorial do que seus pares, não obstante, na essência doutrinária seu texto não diferisse substancialmente dos demais. Cuide-se, ademais, que o lapso temporal que intercala as edições dessas gramáticas confere à de Sotero o benefício de haver-se abeberado das que a precederam, tanto para aperfeiçoá-las, quanto para repará-las no que houvesse de inexato, a seu juízo.

Por exceção à onda nordestina, atua proficuamente no ensino básico do Rio Grande do Sul — mais tarde, na Corte do Rio de Janeiro — o gaúcho Antônio Álvares Pereira, o Coruja (1806-1889), cujo *Compêndio de gramática da língua nacional* (1835) gozou de grande projeção no ensino da retórica pela metade dos Oitocentos. Coruja organizou e manteve na Corte o Colégio Minerva, onde continuou a publicar livros escolares de variadas disciplinas. Citem-se, igualmente, dois filólogos que se destacaram no Rio de Janeiro: João Idálio Cordeiro, autor da *Nova gramática da língua portuguesa ou arte de falar* (1844) e Charles Adrian Grivet (1816-1876), mestre de reputada presença em várias cidades fluminenses, o qual nos legou a *Gramática analítica da língua portuguesa*, publicada em 1865 e, posteriormente, inteiramente reformulada e batizada de *Nova gramática analítica da língua portuguesa*, cuja edição póstuma se providencia em 1881.

A gramática de Grivet constitui exemplo da transição do "modelo racionalista" para o "modelo científico" que vem a implantar-se nas últimas décadas do século. Grivet era um cidadão suíço de formação enciclopédica, inclusive em letras clássicas, que estudou ainda jovem na cidade de Friburgo. Após uma estada de aproximadamente seis anos na Rússia, Grivet voltou à terra natal onde exerceu o magistério do latim e várias línguas modernas. Pressionado pela conturbada situação política decorrente da Guerra de Sonderbund, o mestre suíço resolve deportar-se para o Brasil em 1956. No Rio de Janeiro, Charles Grivet dedicou-se com denodado ardor ao magistério e fincou raízes permanentes, vindo a falecer em 1876.

O caráter idiossincrático da *Nova gramática* de Grivet reside, conforme já atestamos, numa evidente transição entre a velha ordem cartesiana e os novos ares empiricistas que a revolução científica oitocentista fazia soprar a partir da metade do século. De imediato, rompe com a sinopse tradicional que habita os compêndios racionalistas — *prosódia, ortografia, etimologia* e *sintaxe* — para organizar a matéria gramatical em lexiologia, sintaxe, ortografia, prosódia e pontuação. Ademais, deixa transparecer nos conceitos gramaticais os efeitos dessa transição, como se percebe na definição de sintaxe: "Syntaxe é a theoria das funcções que as palavras exercem na enunciação dos pensamentos, e das relações que dahi entre ellas occorrem" (1881:222).

Observe-se que, não obstante ainda conectado à corrente que descreve a língua pela descrição lógica do pensamento, Grivet salienta nessa definição que as relações sintáticas se processam entre as palavras, o que decerto lhe confere significativo avanço quanto à atribuição de autonomia sistêmica à língua. Mais ainda, percebe nas palavras a expressão das funções sintáticas que atuam na construção da frase. Se confrontarmos a definição de Grivet com a de Soares Barbosa, por exemplo, para aqui citarmos um expoente da gramática filosófica em português, verificaremos com facilidade que a ortodoxia da escola de Port Royal não admitia propriamente relações linguísticas, senão relações lógicas da mente humana expressas pela língua. Leia-se a definição de sintaxe em Soares Barbosa (2004 [¹1822]:418):

> Syntaxe quer dizer *coordenação*; e chama-se assim esta parte da Grammatica, que das palavras separadas ensina a formar e compor uma oração, ordenando-as segundo as relações, ou de conveniência ou de determinação em que suas idéas estão umas para as outras.

Adiante, em corroboração do caráter adjetivo da língua em face da mente, Soares Barbosa distingue sintaxe de construção, arrematando: "A syntaxe é uma ordem systematica das palavras, fundada nas relações das coisas que ellas significam, e a construcção uma ordem local auctorisada pelo uso nas línguas" (2004 [1822]:418). Como se vê, o passo adiante de Grivet está em trazer a sintaxe do nível mental para o nível linguístico, procedimento que definitivamente viria a consolidar-se com a geração da denominada gramática científica no Brasil.

Nessa fase de transição, outro expressivo nome filológico brasileiro há de ser referido: Ernesto Carneiro Ribeiro (1839-1920). A leitura da obra de Carneiro Ribeiro revela duas fases bem distintas, a primeira filiada aos cânones racionalistas, a segunda já afeita ao modelo histórico-comparativo. O texto *Origem e filiação da língua portuguesa* (1958 [¹1871]), dá a exata dosagem do conflito ideológico que à época nutria o pensamento gramatical de Carneiro Ribeiro. De início, o próprio tema da tese e o apoio metodológico utilizado em seu desenvolvimento — extraído da classificação das línguas indo-europeias de E. Renan — revelam grande interesse pelos novos conceitos que aqui afluíam dos grandes centros, como Leipzig e Paris. Carneiro Ribeiro, entretanto, demonstra vitimar-se de um certo confronto ideológico que dá à tese uma conotação híbrida, mesclada, sem que ali se possa, a rigor, determinar a diretriz efetiva do pensamento linguístico do autor.

Os exemplos não faltam. No corpo da *Origem*, um metafísico Carneiro Ribeiro aduz que "o que é incontestavel é a estreita relação entre as linguas e todas as aptidões do espirito humano, acompanhando ellas todas as phases de desenvolvimento deste, modificando-se, transformando-se com elle, descahindo, apoucando-se, enriquecendo-se, elevando-se com ele (...)" (1958 [1871]:88). Alguns parágrafos à frente, o cientificista Carneiro Ribeiro contra-ataca, conferindo autonomia orgânica à língua, com um trecho de Humboldt: "Não devemos considerar uma lingua como um producto morto; é um ser vivo e sempre creador. O pensamento humano se elabora com os progressos da intelligencia, e é a lingua a manifestação desse pensamento. Um idioma não pode, pois, ficar estacionario: caminha, desenvolve-se, cresce, fortifica-se, envelhece e difinha" (1958 [1871]:89).

O que se observa aqui não é uma incoerência entre os trechos escolhidos, até porque do ponto de vista textual não há propriamente *incoerência* entre eles, porém o inusitado amparo conceitual de escolas tão díspares. Fica, pois, a impressão de que neste momento de sua brilhante carreira, Carneiro Ribeiro pisava alternativamente as searas da metafísica e do cientificismo, abstraindo cá e lá os fundamentos necessários para desenvolver seus estudos vernáculos.

São estes, enfim, os nomes mais expressivos que a escola racionalista congregou nos estudos gramaticais brasileiros do século XIX. A pesquisa historiográfica tem demonstrado ultimamente grande interesse pela produção gramatical dos Oitocentos, mas com sensível enfoque na geração do período científico (cf. Fávero e Molina, 2006). Os nomes da geração anterior, decerto, não gozam de correspondente atenção, talvez em face da inegável incipiência teorética que seus textos demonstram se comparados com os da geração sucessora. Decerto que, numa época em que já efervesciam na Europa as teses do comparativismo histórico, nossos textos vernáculos abrigavam anacronicamente a velha ordem racionalista da *Gramática de Port-Royal*, pelas páginas dos aqui citados expoentes da gramaticografia lusitana. Ademais, os textos pautam-se em excessivo pendor normativo, traduzido didaticamente na postura mimética do bem escrever à luz dos cânones da literatura portuguesa, não obstante inúmeros compêndios de língua vernácula europeus já desenvolvessem estudo analítico dos fatos linguísticos, sob o manto das novas teses comparativistas.

Este julgamento, entretanto, tem lá sua dose de injustiça, decorrente da avaliação descontextualizada que usualmente se vem observando na crítica aos estudos linguísticos. Se considerarmos a claudicante situação em que se encontrava a Corte do Rio de Janeiro até a terceira década dos Oitocentos, que se denuncia, dentre outros fatores, no pouquíssimo investimento sociocultural, muito desse juízo depreciativo seria decerto mitigado. A rigor, o caráter incipiente e pouco reflexivo que se nota na maioria dos textos escritos no período racionalista não se deve atribuir a pretenso imobilismo intelectual dos gramáticos, senão à quase impossibilidade que a esses homens se impunha para manter contato com a produção científica do Velho Mundo. A rigor, o contato cultural com a Europa — incluindo a criação de livrarias-editoras que passaram a manter estreito contato comercial com suas congêneres francesas — só começa a crescer a partir da segunda metade do século, razão por que é também a partir desse momento que o Rio de Janeiro passa a atrair as atenções de grande legião de brasileiros provinciais. Não será outro, portanto, o fator que contribui decisivamente para a grande virada intelectual brasileira expressa pelo movimento da *gramática científica* que toma conta do cenário linguístico a partir das duas décadas finais do século.

O *Epítome* de Antônio de Morais Silva na Historiografia Gramatical Brasileira[26]

Antônio de Morais Silva (1755-1824) é ordinariamente conhecido nos meios filológicos como um eminente lexicógrafo do século XVIII, autor do meritório *Dicionário da língua portuguesa*, trazido a lume em 1789[27]. Buscamos aqui, em nova perspectiva, tecer juízo sobre sua atividade como gramático, não só no intuito de contribuir para uma análise mais acurada dos fundamentos teóricos que o ilustre estudioso brasileiro delineia em sua obra, como também, em face dessa motivação, detalhar os procedimentos do ensino do português como língua materna no Brasil dos Setecentos.

Em trabalho publicado há mais de uma década (Cavaliere, 2002), oferecemos uma proposta de periodização dos estudos linguísticos e filológicos no Brasil segmentada em períodos e fases, conforme assim discriminado: **período embrionário**, iniciado em 1595 — publicação da *Arte de gramática da língua mais usada na costa do Brasil*, de José de Anchieta, a 1806; **período racionalista**, de 1806 — publicação do *Epítome de gramática da língua portuguesa*, de Antônio Morais Silva — a 1881; **período científico**, de 1881 a 1941, subdividido em **fase fundadora**, que vai de 1881 — publicação da *Gramática portuguesa*, de Júlio Ribeiro — até o fim do segundo decênio do século XX, e **fase legatária**, cuja vigência se estende até 1941; **período linguístico**, iniciado em 1941 — publicação dos *Princípios de linguística geral*, de Joaquim Mattoso Camara Júnior —, também subdividido em duas fases: a **estruturalista**, que se estende até metade da década de 1980, e a **diversificada**, que se situa no panorama acadêmico a partir desse momento até nossos dias.

Como se percebe, nessa proposta de periodização, conferimos especial relevo ao *Epítome* de Morais Silva, citado como marco inaugural do período racionalista e, a rigor, dos próprios estudos linguísticos brasileiros, já que o período anterior não oferece senão

---

[26] Texto pulicado em *Confluência*. Rio de Janeiro: v. 25-26, 2003, p. 215-223 e, nessa versão, bastante modificado.

[27] Sobre o *Dicionário* de Morais, leia Murakawa (2006) e Verdelho (2003).

obras esparsas e pouco relevantes no que diz respeito à formação do pensamento linguístico no Brasil. Com efeito, o texto gramatical de Morais Silva constitui a primeira tentativa de descrição sistêmica do português edificada por um brasileiro, fato que confere a esse trabalho especial valor historiográfico, a par da relevância que possa auferir quanto ao mérito do conteúdo.

Antônio de Morais Silva nasceu no Rio de Janeiro no ano de 1755, vindo a falecer em Pernambuco a 11 de abril de 1824. Bacharel em Direito pela Universidade de Coimbra, segundo nos informa Francisco Innocêncio da Silva (1863:209), Morais teve prematuramente encerrada uma promissora carreira na magistratura em face de uma condenação do Santo Ofício que o fez fugir para a França e, posteriormente, após largo período na Inglaterra, retornar a Portugal. No entanto, na opinião de Sacramento Blake, bibliógrafo brasileiro contemporâneo de Inocêncio da Silva, o autor do *Dicionário bibliográfico português* enganou-se sobre a carreira jurídica de Morais Silva, já que a conhecida fuga para a Inglaterra teria ocorrido antes da colação de grau na Universidade de Coimbra (Blake, 1883:268). Consta que durante sua estada na capital inglesa, contribuiu para uma revisão do *Dicionário* de Bluteau, que viria a ser publicado em Lisboa no ano de 1789. Aliado ao *Elucidário* de Viterbo, o dicionário de Bluteau serve a Morais Silva como uma das fontes magnas para a elaboração de seu *Dicionário da língua portuguesa*.

Não obstante tenha produzido obra de grande importância na área da gramaticologia, sobretudo em face da bem fundamentada base teórica na descrição do vernáculo, Mores Silva não logrou obter boa vontade da crítica filológica brasileira no século XIX, a julgar pelas raríssimas referências de que sua produção gramatical é objeto nas resenhas sobre estudos linguísticos então publicadas. Aparentemente, o sucesso editorial do *Dicionário da língua portuguesa* obscureceu o trabalho que Morais desenvolvera na área gramatical.

Fato é que Maximino Maciel (1866-1923), por exemplo, primeiro a resenhar os estudos filológicos brasileiros (1922 [¹1894]), sequer traça referência ao nome de Morais Silva em seu *Breve restrospecto sobre o ensino da língua portuguesa*, preferindo atribuir aos portugueses Bento de Oliveira (1814- ?) e Jerônimo Soares Barbosa (1737-1816) as fontes iniciais dos estudos sobre a língua no Brasil. João Ribeiro, por seu turno, estudioso de várias frentes, ao ocupar--se da obra de Morais e de sua importância no desenvolvimento das letras no Brasil, não escreve sequer uma linha sobre o *Epítome de gramática da língua portuguesa*. Suas atenções só se cativam em face do Morais lexicógrafo, a quem, por sinal, qualifica como "um tipo reacionário, emperrado, realista e inimigo de tôdas as idéias novas e liberais do seu tempo" (Ribeiro, 1961).

Semelhante desapreço à obra gramatical de Morais Silva parece estar sendo reparado nesta virada de milênio, a julgar pelas reiteradas referências feitas a sua obra filológica em textos e conferências, na esteira de uma certa revitalização dos estudos historiográficos ao longo dos dois últimos decênios. O *Epítome* de Morais Silva, por mais de um motivo, deve figurar entre os textos fundadores dos estudos linguísticos no Brasil, seja em face de seu valor documental, seja devido ao próprio conteúdo da obra e sua projeção no cenário acadêmico de seu tempo.

Cabe, a título de mera observação, aditar que a contraditória questão acerca da nacionalidade de Morais Silva não parece ser relevante no tocante ao mérito de seu trabalho. Solução salomônica, por sinal, devemos a Harri Meier, que se refere ao nosso gramático em um estudo publicado no *Boletim de Filologia* como "um grande lexicógrafo luso-brasileiro" (Meier, 1948:396).

Não resta dúvida de que o *Epítome de gramática da língua portuguesa*, embora publicado em Lisboa, goza de grande importância historiográfica para os estudos linguísticos do Brasil. Mas a relevância do Morais gramático não se limita a aspectos cronológicos. Há, sem dúvida, no *Epítome* elementos suficientes para que possamos atribuir-lhe papel precursor nos textos sobre língua portuguesa escritos na virada do século XVIII, em face da teoria escolhida para a descrição gramatical, embora em outros tantos aspectos sua proposta se inscreva com justeza nos cânones teóricos de seu tempo, de cunho predominantemente racionalista.

De início, cumpre certo reparo à opinião difundida de que o *Epítome* constitui-se em texto exageradamente purista. Incorre-se aqui em erro comum na análise de documentos linguísticos que não os lê à luz de seu tempo, fato que pode trazer conclusões indesejáveis sobretudo quanto à relevância de uma dado texto no percurso histórico das ideias linguísticas. Em um de seus primorosos estudos historiográficos, Konrad Koerner ocupa-se da questão, remetendo-nos às ideias de Carl Becker (1873-1945) sobre como interpretar um conceito científico em face de sua época. Segundo

Becker, para entendermos o pensamento de uma pessoa que tenha vivido, por exemplo, na Idade Média, é preciso partir do "clima de opinião" (*climate of opinion*) desse período da história da Humanidade, ou seja, precisamos trabalhar com a "opinião pública" ou "pensamento generalizado" vigente no ambiente sociocultural em que essa pessoa vivia (Koerner, 1995:9).

A rigor, ser purista no cenário político-filosófico dos Oitocentos traduzia uma postura cidadã, no sentido de encetar a luta pela autonomia e relevância da língua portuguesa, como expressão da nacionalidade, em face das línguas estrangeiras. Por tal motivo, algumas posições extremadas, supostamente reacionárias à primeira leitura, haverão de receber tratamento especial à luz dessa interpretação adstrita ao momento de sua gênese, em que as forças filosóficas e intelectuais da época são decisivas para o fomento das bases conceptuais. A respeito do purismo vigente no pensamento gramatical dos Oitocentos, diz-nos judiciosamente João Ribeiro que, enquanto os ares da Independência faziam com que as pessoas no Brasil chegassem ao extremo de adotar apelidos indígenas, "por oposição ao odiado onomástico português", na metrópole, ao contrário, a veia nacionalista cultivava a pureza da língua como reação conservadora à nova ordem burguesa da França:

> Na metrópole (...) fazia-se desordenada guerra contra os estrangeirismos, principalmente contra os galicismos, cada vez mais antipáticos com a Revolução Francesa e a epopéia napoleônica, infensas ao ferrenho conservantismo lusitano: a guerra ao galicismo, a Arcádia literária e todas as formas de exagerado purismo representam a reação que desde os fins do século XVIII implantou a idolatria do "português de lei", que dispõe ainda hoje de alguns soldados fanáticos retardatários (Ribeiro, 1979:59).

Decerto, influenciou-se bastante Morais Silva com a generalizada postura lusitana infensa à influência francesa pós-revolucionária, de que resultam palavras como estas, dirigidas aos jovens leitores de sua gramática:

> (...) se basta o estudo de um ano para saberes meamente um idioma estrangeiro, quando quiseres saber a lingua patria perfeita e elegantemente, deves estudar toda a vida e com muita perfeição os

autores clássicos, notando principalmente as analogias peculiares ao genio do nosso idioma (Silva, 1806:V).

Para advertir, após, peremptoriamente:

E deste modo poderás imitá-los [os autores clássicos], não repetindo (...) as suas palavras e frases (...), mas dizendo coisas novas sem barbarismos, sem galicismos, italianismos e anglicismos, como mui vulgarmente se lêem (Silva, 1806:V).

Cumpre igualmente observar que o ensino de língua materna na virada do século XVIII, cujos parâmetros, por sinal, vigeram por várias décadas além, defendia, como prática usual, a reprodução de modelos elaborados pelo mestre, de tal sorte que os segredos do discurso escrito fossem observados pela imitação. A rigor, imitar não uma imposição gratuita de modelos com o fito de reproduzir ideias estereotipadas na mente dos discentes, senão um método pedagógico que supunha fazer eclodir o bom desempenho individual do aprendiz mediante reprodução de estruturas frasais construídas pelos autores consagrados.

No que tange às teses teoréticas de que se serve Morais Silva, não se pode negar considerável tom precursor nas páginas do *Epítome*, sobretudo quanto à proposta de descrição das línguas vernáculas, que julgava absolutamente diversa da gramática latina. Morais, decerto, destoa da tendência uníssona que descrevia as línguas românicas sob inspiração da estrutura morfossintática dos casos latinos. Basta dizer que, em Portugal, cerca de trinta anos antes, Antônio dos Reis Lobato (1721-1803?) ainda se baseava nas ideias de Amaro de Roboredo[28] sobre a conveniência de se ensinar o português ou o castelhano pela gramática latina em vista o fato de os latinos serem "homens com os quais concordamos na racionalidade" (Roboredo, 2007 [¹1619]).

Cumpre, por sinal, observar que a própria *Grammaire Generale et Raisonée de Port Royal*, insistentemente citada nos volumes linguísticos dos Setecentos e tantos outros do início do século XIX — inclusive no *Epítome* de Morais Silva —, já denunciava há mais

---

[28] Sobre Amaro de Roboredo, leia o preciso estudo introdutório de Carlos Assunção e Gonçalo Fernandes à edição fac-similada do *Método gramatical para todas as línguas* (Assunção e Fernandes, 2007).

de século que a descrição dos vernáculos com base nos casos latinos não era indevida: "Il est vrai que de toutes le Langues il n'y a peut-être que la Grecque & la Latine qui aient proprement des cas dans les noms" (Arnauld e Lancelot, 1754:73).

Tal fato, entretanto, não evitou que a maioria dos vernaculistas setecentistas e outros tantos oitocentistas ainda se espelhassem na sintaxe latina, em flagrante descompasso com o pensamento linguístico já reinante a partir da segunda metade do século XVIII. Foi, por sinal, sob influência das teses defendidas por Étienne de Condillac (1715-1780) em obra publicada no final dos Oitocentos (Condillac, 1775), para quem descrever a gramática francesa no moldes da latina constituía grave equívoco de método, que Morais Silva envereda pela opção da sintaxe analítica, com base nas funções determinadas pela regência e pela posição da palavra na frase. Relevante o fato de Morais preocupar-se em citar textualmente as palavras de Condillac a tal respeito: "Nous avons compliqué nôtre Grammaire, parce que nous l'avons voulu faire d'aprés les Grammaires Latines. Nous ne la simplifierons, qu'autant que nous rappelierons les expressions aux éléments du discours" (Silva, 1806:3).

Outro aspecto interessante nas páginas do *Epítome* reside na sinopse gramatical. A tradicional subdivisão da gramática em *etimologia, sintaxe, ortografia* e *prosódia*, que viria a imperar ainda por vários anos do século XIX na gramaticografia brasileira — basta citar como exemplo a exitosa gramática (1871 [¹1866]) do filólogo maranhense Francisco Sotero dos Reis (1800-1871) —, é preterida em favor de uma apresentação orgânica dos temas com maior destaque para a morfologia e para a sintaxe. A preferência por esta última parte da gramática é deveras saudável e invulgar em compêndios didáticos da época.

Assim, opta Morais Silva por uma sinopse binária, em que faz acostar no mesmo plano hierárquico o *Livro I* (*Das palavras por si sós ou partes da sentença*) e o Livro II (*Da composição das partes da sentença entre si, ou syntaxe*). No Livro I reúne os fundamentos da lexiologia, aí incluídos a classificação de palavras e o estudo das flexões, ao passo que no Livro II dedica-se ao estudo dos termos da oração, bem como dos mecanismos sintáticos de produção frasal: colocação, regência e concordância.

Os estudos fonológicos estão em uma espécie de preâmbulo, que não recebe título próprio, fato aparentemente significativo no que diz respeito ao pensamento de Morais Silva sobre descrição gramatical. Leve-se em conta, além da evidente intenção de dar início à descrição gramatical no Livro I, que, como vimos, trata de questões morfológicas, o fato de que esta parte preambular não conta com mais de cinco páginas, de que emanam comentários circunstanciais sobre fatos ortoépicos, prosódicos e ortográficos selecionados. Não se trata, pois, de uma exposição sistemática da prosódia, como acontece normalmente nos volumes cunhados sob a inspiração da gramática racionalista, porém uma seleta de juízos sobre pontos considerados pelo autor relevantes para o aprendizado do texto.

O fato notável está em que semelhante estrutura sinóptica na descrição gramatical só gozaria da preferência dos filólogos brasileiros na segunda metade do século XIX, em volumes já produzidos sob inspiração da escola histórico-comparativa. No Brasil, destaca-se, nessa linha, a *Gramática portuguesa* (1911 [[1]1881]), de Júlio Ribeiro (1845-1890), publicada no Rio de Janeiro em 1881, por ser a primeira obra gramatical estruturada na bipartição lexiologia-sintaxe importada dos compêndios vernáculos do inglês, sobretudo de Mason e Bain.

No breve introito sobre matéria fonética, Morais Silva encontra espaço suficiente para emitir juízo bastante consistente acerca de fatos diversos. Arrola tanto as vogais quanto as consoantes como sons elementares, mas assevera que as consoantes por si sós não têm valor efetivo. Segue, pois, a tese da existência condicionada dos sons consonantais, como modificadores das "vozes" ou vogais, entendimento, por sinal, que gozaria de opinião majoritária até o início do século XX, quando a Linguística estruturalista renovou o conceito de fonema.

Sobre as vogais nasais, ocupa-se em afirmar que são "verdadeiras vogais" (não vogais modificadas por consoante), pois a nasalidade se ouve "sobre as vogais", não após, como acontece, por exemplo, com o *r* em *bárbaro*, que só se ouve após cessar a voz. A percepção acústica de Morais, portanto, embora não fosse suficiente para conferir *status* distintivo às consoantes, ao menos servia--lhe para distinguir verdadeiros sons consonantais de meros traços de nasalidade vocálica representados graficamente por letras consonânticas. À guisa de curiosidade, outros estudos pontuais sobre as vogais nasais portuguesas visam a provar justamente o contrário, ou seja, que se tratam na realidade de vogais orais seguidas de consoante nasal[29].

Dentre os temas ortográficos, Morais Silva confere interessantes informações de ordem sociolinguística ao pesquisador, como, por exemplo, a que adverte sobre o uso do dígrafo **ch** como grafema de "xe" e de "ke", dando conta de que tal flutuação de uso é própria da "linguagem chula". Assinala ainda o emprego do trema sobre os grupos **gue, gui, que** e **qui** para marcar a pronúncia do **u**, fato pouco comum dentre as preocupações ortográficas da época, além de criticar o uso de uma mesma letra (caso do **c** e do **g**) para representar mais de um som.

Na morfologia, a pena do gramático fluminense traça um painel objetivo sobre as partes da oração, com especial estudo do artigo, figura por sinal inclusa numa classe mais abrangente, a que denomina adjetivos articulares. São oito as classes relacionadas por Morais: nomes (ou substantivo), adjetivo articular, adjetivo atributivo, verbo, advérbio, preposição, conjunção, interjeição. Sobre esta última, por curiosidade, emite clara referência a seu valor como "palavra-frase", que goza de aceitabilidade até os dias atuais.

Está, entretanto, na classe dos adjetivos articulares a maior originalidade taxionômica de Morais. De início, adverte nosso gramático que os estudiosos, com exceção de Duarte Nunes do Leão, não haviam ainda conseguido explicar satisfatoriamente o papel do artigo nas línguas vernáculas, seja quanto ao emprego ou quanto à omissão deliberada. Partindo do princípio que certas palavras existem na língua para "determinarem a extensão individual, a que se applica um nome comum" (Silva, 1806:11), Morais arrola sob a rubrica dos adjetivos articulares todos os termos que usualmente ficam na periferia do núcleo substantivo e não expressam valor semântico externo: o artigo propriamente dito, pronomes adjetivos indefinidos, demonstrativos e possessivos. Em interessante comentário sobre os adjetivos articulares, Morais aduz que um de seus tipos é o artigo simples *o* e *a*, o qual indica que o nome "se toma em toda a extensão dos indivíduos, a que a sua significação e applicável" (Silva, 1806:21). Assim, quando o falante quiser restringir o termo determinado, haverá de limitar a generalização atribuída pelo artigo com outras "circunstâncias", como ocorre na

---

[29] Leia-se a hipótese do arquifonema nasal de Mattoso Camara Jr. (1970), amparado em estudos de Gonçalves Viana (1840-1914) e Oscar Nobiling (1865-1912).

construção *o homem que hontem vimos*, em que a oração atua como adjetivo que relativiza a generalização do artigo.

Ainda sobre o artigo, cabe referirmo-nos aqui a dois aspectos preciosos, não só pela inventividade, como também pela originalidade. Primeiro, atento à origem comum do artigo definido com o pronome pessoal acusativo, arrola este último naquela classe, tendo em vista a existência virtual de substantivo elítico sob sua determinação. Eis o exemplo: "Viu o cavallo de Joao? Vi-o", ou seja, "Vi-o [cavalo]". Em ratificação da hipótese, assevera que a omissão de substantivos por elipse é comum no português, inclusive em casos de verbos substantivados: "O doce; 'Que vos prometta os mares, e as areyas, não lh'o creais', isto é, o prometter-vos" (Silva, 1806:25)[30].

Segundo, no que tange ao alentado papel do artigo como elemento atribuidor de gênero, adverte judiciosamente Morais ser inadmissível acatar semelhante hipótese pelo simples fato de que, por incluir-se na classe do adjetivo, o artigo só pode ser usado em concordância se o falante já souber antecipadamente o gênero e o número do nome: "sendo o artigo um adjetivo, quem fala, ou escreve deve saber o genero do nome, a que o artigo precede, para usar delle na variação correspondente ao genero, ou numero do nome, como se faz com qualquer outro adjectivo" (Silva, 1806:III).

Enfim, muito haveríamos de ainda comentar sobre o papel precursor do *Epítome de Gramática da língua Portuguesa* no panorama dos estudos linguísticos desenvolvidos nos Setecentos. Cite-se, por exemplo, na área da sintaxe as interessantes observações traçadas acerca do infinitivo pessoal português como atributos da pessoas verbais e a exaustiva apreciação sobre valores semânticos das preposições ao cuidar da sintaxe de regência. Estes são temas que ficam para um outro estudo, já que o limitado espaço de que dispomos não nos permite maiores alongamentos. Havemos, pois, de concluir com a certeza de que a obra gramatical de Antônio de Morais Silva, não obstante inspirada nas ideias linguísticas do século XVIII, destaca-se pelo vanguardismo e pela especial lucidez conceptual, razão por que está ainda a merecer especial atenção de quantos se ocupem pelas questões historiográficas nos estudos linguísticos.

---

[30] O reconhecimento do artigo como determinante de orações adjetivas e adverbiais, como ocorre em frases do tipo *Não sei o que fazes* e *Gostou do quando o filho se defendeu* vem sendo acolhida por mais de um gramático já há algum tempo (Bechara, 1999:154). Leia-se também, a respeito do artigo neutro do espanhol Alarcos Lhorach (1999:91).

Um passo da historiografia gramatical brasileira: as ideias ortográficas de Frei Caneca

Frei Joaquim do Amor Divino Rabelo, conhecido nos anais da História do Brasil como Frei Caneca, nasceu na cidade de Recife em 1779, filho do tanoeiro português Domingos da Silva Rabelo e da brasileira Francisca Alexandrina de Siqueira. Sua morte por fuzilamento — segundo uma versão dramática dos fatos, os carrascos teriam-se negado a enforcá-lo (cf. Mello, 2004) — ocorreu a 13 de janeiro de 1825, no Forte das Cinco Pontas, em Recife. O apelido Caneca, ao que consta, deveu-se à atividade profissional de seu pai, a quem, não seria de duvidar, teria auxiliado em seu mister na infância. Há quem afirme, entretanto (cf. Lima, 2008:132) que o próprio Caneca incorporou a alcunha a seu nome quando de sua iniciação como noviço no Convento do Carmo, em Recife, onde ordenou-se em 1801. Não obstante a escolha da carreira eclesiástica, consta que Caneca manteve relacionamento amoroso com uma mulher de nome Marília, com quem teve cinco filhos (cf. Morel, 2000).

Sua projeção histórica deve-se à marcante participação no movimento revolucionário de 1917 que visava à emancipação de Pernambuco como nação soberana. A base ideológica do levante pernambucano ficou-se no terreno fértil do iluminismo europeu, difusor das ideias abolicionistas e da constituição de Estados liberais. Por sinal, a formação intelectual de Caneca, alicerçada nas aulas do Seminário de Olinda, serviu-se dessa fonte impregnada das "diretrizes do reformismo ilustrado luso-brasileiro (Lima, 2008:132), sob a tutela de mestres atuantes em movimentos pró-independência, tais como, em especial referência, Frei Miguel Joaquim de Almeida Castro, conhecido como Padre Miguelinho (1768-1817). E terá ido, sem dúvida, essa base filosófica de sua formação que o levou a mais tarde, quando de sua participação na Confederação do Equador, a escrever textos de claro teor iluminista, entre eles *Dissertação sobre o que se deve entender por pátria do cidadão e deveres deste para com a mesma pátria* (1822)[31].

Os ares liberais do iluminismo ilustrado, com efeito, haviam de soprar forte nas terras do Nordeste brasileiro. A colônia, alçada a Reino Unido a Portugal e Algarves em 1915, nem por isso dava ares de mudança significativa nas províncias mais distantes da sede da Coroa, no Rio de Janeiro. A economia pernambucana era à época inteiramente dependente da mão de obra escrava, já que pautada na produção agrícola primária, fato que criava uma incompatibilidade intransponível entre a antiga concepção das fontes produtoras de riqueza econômica — basicamente, fazendas de engenho, com ênfase na produção de açúcar — e os novéis ideais libertários, que sonhavam com um Brasil republicano, desagrilhoado do absolutismo monárquico português.

Homem de "obra essencialmente litigante" e "atitude tremendamente dramática" (cf. Calmon, 1972), Frei Caneca legou-nos a imagem do mártir da Independência, do político sensível ao clamor popular por uma nação livre e progressista[32]. Tal fato, decerto, ofuscou-lhe o perfil intelectual que tanto contribuiu para a reflexão e o ensino das Humanidades, como se confirma em sua atuação docente em Geometria e Retórica no Convento do Carmo e durante o período em que esteve no cárcere (cf. Bernardes, 1997). Por sinal, estão em sua expressiva bibliografia textos de cunho didático, como o *Tratado de Eloquência* e as *Táboas Sinóticas do Sistema Retórico de Fábio Quintiliano*.

No tocante à obra que aqui nos interessa, o *Breve compêndio de gramática portuguesa,* pouco se sabe do ponto de vista histórico. Sua primeira edição está no corpo da obra completa de Frei Caneca compilada por Antônio Joaquim de Mello (1972 [1875]) e reeditada pela Universidade Federal de Pernambuco em 1972. Nesse mesmo ano, o Colégio Pedro II, do Rio de Janeiro, por iniciativa de seu Diretor Geral Vandick Londres da Nóbrega e em comemoração ao sesquicentenário da Independência, republicou o *Breve compêndio de gramática portuguesa*

---

[31] Este texto, como tantos outros (entre eles o *Breve compêndio de gramática portuguesa*), permaneceu inédito até 1875, quando o Comendador Antônio Joaquim de Mello reuniu os escritos esparsos em dois volumes (Melo, 1972 [1875]).

[32] Sobre a personalidade política de Frei Caneca, leiam-se especialmente Lima (2008), Bernardes (1997), Mello (2004) e Lyra (1998).

— na capa e na folha de rosto dessa publicação consta "Gramática portuguesa" — em conjunto com o *Tratado de eloquência* (1972 [¹1875]). A edição do Colégio Pedro II ressente-se de uma melhor informação no tocante aos critérios filológicos que se lhe aplicaram, mas, ao que parece, trata-se de uma reprodução semidiplomática do texto inaugural de Antônio Joaquim de Mello.

As informações disponíveis ainda nos dizem que o *Breve compêndio* foi escrito durante o período em que Caneca esteve preso no Paço Municipal da Bahia, entre 1817 e 1821 (cf. Calmon, 1972). Algumas indagações surgem dessa hipotética versão, a primeira delas concernente à bibliografia de que dispunha Caneca para recorrer às teses teoréticas utilizadas na exposição da matéria linguística. Verifica-se como evidente sua adequação aos princípios da gramática racionalista então em voga, fato que se percebe na dupla dimensão (a universal e a particular) com que define o próprio termo gramática: *"Grammatica* é a arte de reduzir á regras os princípios communs a todas a línguas" (1972 [1875]:17); *"Grammatica portugueza* é a arte que ensina a fallar, ler e escrever correctamente a língua portuguesa" (1972 [1875]:19). Por tal motivo, com razão observa Leonor Fávero que a gramática de Frei Caneca tem um escopo prescritivo que não descuida do aspecto especulativo sobre a natureza da língua (1999:93).

Como, pois, manteve-se Caneca informado sobre as concepções linguísticas de seu tempo ao longo dos cerca de quatro anos encarcerado? Segundo Pedro Calmon, os réus da revolução pernambucana permaneceram à espera da morte durante três anos, até que, em 1820, "um carcereiro generoso lhes fez concessões apreciáveis". Diz mais Calmon: "sabemos que [os detentos] tiveram para o seu trabalho papel e tinta, com vários livros (como o de Jerônimo Soares Barbosa), escoados entre os ferros da masmorra" (1972:9). Ficamos, pois, com essas informações, na ausência de outras mais confiáveis, não obstante nos aguce a curiosidade saber a identidade do tal "carcereiro generoso", ao menos para lhe rendermos um preito de gratidão. Ademais, resta verdadeiramente impossível que Caneca se tenha valido da gramática de Soares Barbosa quando estava encarcerado, visto que a primeira edição (póstuma) dessa gramática somente ocorreu em 1822, sob patrocínio da Academia Real das Ciências de Lisboa[33].

Por outro lado, embora se perceba facilmente o caráter didático do *Breve compêndio* — que se revela, por exemplo, na denominação dos capítulos como "lições" e no próprio subtítulo do volume: "organisado em forma systematica, com adaptação a capacidade dos alumnos" (Caneca, 1972 [1875]:16) —, a leitura do trabalho conduz-nos a uma concepção de obra descritiva, na verdade um elenco de definições teóricas sem qualquer sentido prático, o que tira, em princípio, o caráter de apostila ou manual didático que se vem atribuindo à obra. De qualquer forma, não se descarta a hipótese — deveras admissível — de que Caneca tenha escrito o *Breve compêndio* na forma de um pequeno manual teórico que embasasse suas aulas aos companheiros de cárcere. Como também não se há de descartar a hipótese de que, uma vez liberto, o autor tenha-se ocupado de organizar metodicamente o texto que antes rascunhara entre os muros da masmorra.

Muito há que analisar nesse pequeno volume da gramaticografia brasileira, mas, por força de fidelidade ao nosso tema, restringir-nos-emos aqui ao capítulo sobre ortografia, que consta da Lição X. De início, convém observar que Caneca lança mão da sinopse gramatical típica das gramáticas filosóficas, segmentada em etimologia, ortografia, prosódia e sintaxe[34]. Define ortografia como a parte da gramática que "ensina a escrever com perfeição" (1972 [1875]:51), fato que não surpreende, na verdade apenas corrobora não só o escopo prescritivo de sua obra, como também o próprio conceito de ortografia reinante nos Oitocentos. Digno de nota, entretanto, está a concepção de caracteres em Caneca, que inclui as figuras das letras, cuja função é representar o som da língua, e das pausas, caracteres ocupados da representação do silêncio. Em

---

[33] Frei Caneca, provavelmente, serviu-se das ideias linguísticas que Soares Barbosa expôs em sua *Escola popular* (1829 [¹1776]). Conforme nos informa Amadeu Torres, Soares Barbosa escreveu a *Gramática filosófica* em 1803, mas o texto permaneceu inédito até 1822 por motivos até agora desconhecidos. Destarte, evidencia-se que Frei Caneca não poderia ter consultado a obra póstuma de Soares Barbosa quando de sua permanência no cárcere entre 1817 e 1821. Entretanto, considerando a referência expressa de Caneca à *Gramática filosófica* nas notas finais do *Breve compêndio* (1972 [¹1875]:72), havemos de concluir que o texto final de Caneca necessariamente sofreu revisão após a libertação do autor, provavelmente em 1823 ou 1824.

[34] Caneca apenas altera a ordem de referência às partes da gramática, mediante colocação da etimologia como parte inicial.

órbita de adequação, as pausas são os sinais de pontuação, conforme os descrevem as gramáticas desde sempre. Essa interpretação dos sinais de pontuação como caracteres ortográficos, em tese, não é novidadeira, já que presente em autores como Soares Barbosa (2004 [1822]:41), que assim se posiciona:

Toda orthografia tem duas partes. A primeira é a união bem ordenada das lettras de qualquer vocábulo correspondente aos sons, e á sua ordem na boa pronunciação do mesmo. A segunda é a separação dos mesmos vocabulos e orações na escriptura continuada, segunda (sic) distincção e subordinação das idéas e sentidos que exprimem. Aquella é objecto da orthographia tomada em sentido mais restricto, e esta é objecto da pontuação.

No plano metalinguístico, convém advertir que Caneca se refere a *cotação, coma, cólon* e *semicólon*, termos que não habitam a gramática de Soares Barbosa, sequer a de Reis Lobato (2000 [1770]), outro texto que lhe era contemporâneo e de grande influência no Brasil[35]. O fato apenas confirma que Caneca, embora tenha lido Soares Barbosa, não tomou sua obra como base conceptual da *Breve gramática*, como também lança dúvidas de que se tenha abeberado das lições publicadas por Reis Lobato; a rigor, nessa área, Caneca optou por uma nomenclatura mais vinculada à tradição das gramáticas latinas. Um outro traço idiossincrático de Caneca reside na definição de letra como sinais matemáticos combinados (o círculo e a linha reta), que não se pode atribuir, em princípio a uma fonte bibliográfica específica.

As melhores reflexões ortográficas de Frei Caneca estão nas notas finais da gramática, em que faz desfilar uma série de observações favoráveis ao sistema gráfico fonorrepresentativo. Sabemos que, no início dos Oitocentos, vigia um sistema dito usual, que congregava critérios etimológicos com critérios fonorrepresentativos, sistema esse que se manteve firme até o início do século seguinte, quando se iniciaram as reformas ortográficas novecentistas. Até hoje, a rigor, mantém-se em português um sistema misto, parcialmente etimológico, como se

---

[35] Registre-se que a gramática de Reis Lobato foi escolhida para publicação pela Impressão Régia em 1812, portanto gozou de expressiva circulação nos meios intelectuais dos Oitocentos (cf. Camargo e Moraes, 1993).

percebe, por exemplo, no emprego dos dígrafos ss e sc para a grafia de /s/.

Não sem razão, afirma Caneca que "o alphabeto portuguez é muito imperfeito, visto que para formar umas syllabas tem lettras de mais, e para formar outras faltam-lhes lettras" (1972 [1875]:72). De modo geral, a crítica de Frei Caneca refere-se ao que hoje denominaríamos ausência de relação biunívoca entre fonema e letras, de tal sorte que uma dada letra pode representar fonemas distintos, assim como dado fonema pode ser representado por grafemas distintos. Esse intrincado problema, que ainda hoje não se conseguiu ultrapassar, já era objeto de análise crítica em Frei Caneca, como se observa na seguinte passagem (Caneca, 1972 [1875]:72):

> Si a lletra (sic) c tem o natural som de s, deve sempre conservar este som em todas as syllabas; e então se fazia desnecessária a lettra s.
> Si a lettra c tem o som de k ou de q, devem (sic) conservar sempre este som em todas as syllabas; e então eram desnecessarias as lettras k, q.
> Si a lettra c tem o som de k ou de q, deve conservar sempre este som em todas as syllabas; e não era preciso usar-se de ch para produzir o som daquellas lettras.
> Si as lettras ch tem o som de k ou de q, devem conservar sempre este som; e não mudar outras vezes para o de x, porque desse modo estaremos constantemente ignorando quando convém pronunciar algum desses sons, v.g.: a palavra choro, escripta com as mesmas lettras, significa xoro e coro.

Cumpre observar que a percepção do papel do sistema ortográfico em Frei Caneca vai além do interesse por um sistema coerente e eficaz, para chegar a seu aspecto funcional. É o que se conclui de sua referência à homografia em choro, um óbice que o sistema ortográfico impõe ao aprendizado da leitura, semelhante, por exemplo, ao que hoje se enfrenta com a ausência de acento diferencial de timbre em forma (['fohma] ['fɔhma]), que a reforma ortografia de 1990 carateriza como de uso opcional. Decerto que as razões atuais para a eliminação quase total dos diferenciais de timbre se justificam pela leitura da palavra na frase, não da palavra isolada, fato que efetivamente se verifica quando do domínio pleno da leitura. O mesmo, portanto, se poderia afirmar acerca do uso do ch para grafar a consoante /k/ ou a consoante /ʃ/, visto que o contexto frasal ocupar-se-ia de distinguir os usos. Nas fases iniciais de alfabetização, entretanto, o óbice ortográfico só não se manifestaria se as primeiras leituras também fossem contextualizadas em frases completas, não em vocábulos formais isolados, o que, obviamente, não ocorria nos verdores do século XIX. Daí considerarem-se inteiramente procedentes as críticas de Frei Caneca.

Em aditamento, a investida contra os dígrafos helênicos, já observada na questão do *ch* oclusivo, estende-se ao emprego do *ph* fricativo labial, em concorrência com *f*: "para formarmos as syllabas fa, fe, fi, fo,fu, temos a lettra f, e não é preciso usarmos de ph" (Caneca, 1972 [1875]:72). Aqui estamos diante de um problema que a ortografia portuguesa carregou até 1911, quando da primeira reforma vintenária em Portugal, e que se estendeu no Brasil até 1931, ano do primeiro acordo ortográfico binacional. Conclui-se, assim, que a resistência à simplificação do sistema usual, tornando-o menos etimológico, já chegava a pelo menos um século quando da efetiva subtração dos dígrafos helênicos.

Diga-se, por sinal, que algumas das revolucionárias teses ortográficas de Gonçalves Vianna (1840-1914), especificadas inicialmente em texto publicado (Vianna e Abreu, 1885) em parceria com Guilherme de Vasconcelos Abreu (1842-1907) a título de explicação da ortografia usada na edição da *Enciclopédia de ciência, arte e literatura — Biblioteca de Portugal e Brasil* já estão presentes no *Breve compêndio* de Frei Caneca — do qual evidentemente os filólogos portugueses não tinham notícia. Leia-se, a respeito, a seguinte passagem de Vianna e Abreu (1885:7):

São banidos da escrita os símbolos gráficos sem valor. São eles as consoantes dobradas ou grupos de consoantes não proferidas e sem influência na modulação antecedente, nem necessidade por derivação manifesta de outro vocábulo existente em que haja de proferir-se cada uma das consoantes, como é Ejipto de que se deriva ejípcio.

Exemplos de símbolos sem valor próprio em português:
th = t. – thermometro = termómetro; ether = éter; thio = tio.
ph = f. – ethnographia = etnografia; philtro = filtro.
ch = q (u). – chimica = química; machina = máquina; chimera = quimera.
ch = c (a, o). – chorographia = corografia; mechanica = mecánica.

y = i. – lyrio = lírio; physica = física.

Consoantes dobradas: – agglomerar = aglomerar; prometter = prometer; commum = comum; Philippe = Filipe.

Grupo de consoantes: – Christo = Cristo; Demosthenes = Demóstenes; Mattheus (que já se escreve, sem razão, Matheus) = Mateus; schola = escola; sciencia = ciência; phthisica = tísica.

Não custa muito notar estarem aí as mesmas teses de Frei Caneca acerca dos dígrafos helênicos, em que se evidencia o desapreço pelo sistema etimológico, em prol de um padrão predominantemente fonorrepresentativo. No tocante às consoantes dobradas, cuja simplificação se impunha pela inutilidade de seu emprego do ponto de vista fonético, já se manifestara Frei Caneca nos seguintes termos (Caneca, 1972 [1975]:73):

> Reprovo, finalmente, o uso de duplicar as consoantes, v.g.: bb sabbado, cc accento, dd addição, gg aggravo, ff affeição, ll elle, mm grammatica, nn anno, pp appenso, ss assembléa, ct objecto, sc sciencia, pt escripto; porque demora a escripturação e de nada serve a pronunciação. Além disso, si nós fallamos para sermos entendidos, não ha cousa mais miseravel, que fallarmos de modo que ninguem nos entenda; o que assim succederia, si pronunciassemos todas as consoantes duplicadas.

A rigor, Caneca e Viana & Abreu só discordam, nesse ponto, quanto às letras *m* e *n* dobradas em derivados por prefixação, caso em que os filólogos portugueses optam por manter as duplas para preservar a pronúncia nasal dos prefixos. No tocante à notação gráfica das fricativas alveolares, a posição de Caneca parece ser mais simplificadora do que a de Viana e Abreu, dado que, enquanto o brasileiro propõe uma simples relação biunívoca s – /s/ e z – /z/, os portugueses cuidam de desdobramentos em que a desejável simplificação se curva ao peso da tradição. Comparem-se os extratos abaixo:

> Para as syllabas *za, ze, zi, zo, zu*, temos a lettra *z*, e não precisamos usar de *s*, em lugar de *z* nos termos compostos, v.g.: desapparecer; e quando na pronunciação de dous termos o s final do primeiro fere

naturalmente a vogal inicial do segundo termo, v.g.: meus amigos, onde se percebe a syllaba *za*. Para as syllabas *sa, se, si, so, su*, temos a lettra *s*, e não precisàmos da lettra *c*. (Caneca, 1972 [1875]:73).

Escrevem-se com *s* as sílabas cuja final é sibilante dura palatal e, esporadicamente, sibilante dura dental: mas; basta; foste; démos, dêmos; bosques; português, portugueses; etc. A etimolojia, o dialecto transmontano e as línguas conjéneres determinam a grafia *s*.

Escrevem-se com *s* inicial, ou com *ss* entre vogais, as sílabas em que a sibilante dura é ou dental, ou supra-alveolar, conforme os dialectos: saber, classe, diverso, sessão, conselho, sossêgo, sossego etc. Determinação histórica e comparação.

Escrevem-se com *ç*, ou com *c* (e, i), inicial as sílabas em que a sibilante é dental dura, e só é supra-alveolar nas partes do país onde não há outra sibilante dura inicial: peço, ciência, concelho, poço, doçura, preço, çapato, çarça, cárcere, etc. Determinação histórica e comparação.

Escrevem-se com *s* entre duas vogais (uma final da sílaba a que pertence a sibilante, outra final da sílaba precedente) as sílabas em que a sibilante é branda dental ou, segundo o dialecto, supra-alveolar: posição, coser (*consuere*), precioso, preso (*prehensum*, cf. prezo), preciso, pêso, péso, etc. Determinação histórica e comparação.

Escrevem-se com *z* inicial as sílabas em que a sibilante é dental branda em todo o país, à excepção daqueles pontos em que se não profere sibilante inicial senão supra-alveolar: azêdo, azédo, azebre, razão, cozer, prezo (cf. preso) etc. Determinação histórica e comparação.

Escrevem-se com *z* final os vocábulos que nos seus derivados são escritos com *c* (e, i) correspondente à sibilante final deles. Assim o determina a etimolojia, evidente na derivação, e a pronúncia dialectal.

Exemplos: infeliz, infelicidade; símplez, símplices, simplicidade; ourívez, ourivezaria; etc. (Viana e Abreu, 1885:8).

As brechas que Vianna e Abreu abrem para evitar uma radical simplificação na representação das fricativas alveolares têm fundamento fonético — caso do uso de *c* e *ç* para as fricativas alveolares desvozeadas (duras) "nas partes do país onde não há outra sibilante dura inicial" —, e, em larga aplicação, fundamento etimológico — caso, por exemplo, do *z* final em palavras derivadas de radicais latinos com *c*. Caneca, por seu turno, chega a levar a simplificação à órbita intervocabular, ao âmbito da fonética sintática, como se percebe em sua exemplificação com a expressão 'meus amigos".

Não se cogita aqui de fazer qualquer comparação avaliativa das duas propostas, senão evidenciar o fato historiográfico de que um projeto simplificador da ortografia portuguesa, em bases fonorrepresentativas, surge, bem antes das teses atribuídas a Gonçalves Vianna, nas páginas do *Breve compêndio de gramática portuguesa*, de Frei Caneca. Por sinal, as vozes favoráveis a favor da simplificação que se consolidaria tão somente em 1911, já ecoavam na boca de filólogos como Jerônimo Soares Barbosa, que no Capítulo III da Gramática filosófica, no qual discorre sobre as "regras próprias da ortografia da pronunciação", assinala (Barbosa, 2004 [1822]:136):

> As três Sibilantes brandas, a saber, os dois SS entre vogaes, o C sem sedilha antes de *e* e *i*, e o Ç com sedilha ficarão desterrados para sempre da Ortografia da Pronunciação, como Letras inuteis, equivocas, e embarasozas para quem quer escrever serto, e não sabe o Latim. Todas elas serão substituídas pela nosa consoante S, ou o seu som se ousa antes de qualquer das vogaes, ou no meio delas screvendo-se: Serto, Asêrto, Sino, Asino, Corasão, Asougue, Sumo, em lugar de Cérto, Acerto, Cino, Assigno, Açougue, Çumo.

Na verdade, não se pode dizer que Soares Barbosa defendia tais mudanças radicais na ortografia portuguesa, pois sua postura descritiva na *Gramática filosófica* é de apresentar os três sistemas distintos — as regras ortográficas universais, as regras da ortografia usual (de teor etimológico) e as regras da ortografia da pronunciação — sem se comprometer com quaisquer deles, conforme assinala ironicamente: "Eu, para satisfazer a todos, porei primeiro as Regras communs a todas as Othographias, e depois ás proprias a cada huma dellas [usual e da pronunciação]. Quem quizer poderá escolher" (Barbosa, 2004 [1822]:114).

No Brasil, decerto, o apreço à ortografia usual sempre se manifestou com ênfase, fato que se comprova com a relutância às mudanças no sistema ortográfico até a reforma binacional de 1931.

Sotero dos Reis (1800-1871), um dos nomes mais respeitados e influentes da gramaticografia brasileira do século XIX, bem sintetiza essa posição (1871 [1866]:275):

> Os systemas exclusivos de orthographia somente segundo a pronúncia, ou de orthographia puramente etymologica, são irrealisaveis; o primeiro, porque a pronúncia varía, para bem dizer, em cada província, e em cada século; o segundo, porque sería mister escrever as palavras como se achão na língua d'onde são derivadas, ao que se oppõe a fórma e a pronúncia dos termos derivados. Assim, o único systema racional, e o único seguido pelos bons auctores, é o da orthographia mixta, que participa de um e de outro, e melhor se accomoda ás modificações, por que vai passando a língua de tempos a tempos.

Na verdade, a questão que mais afligia não só o usuário comum da língua, como também boa parte dos especialistas vinculava-se às idiossincrasias dos autores literários e dos intelectuais, de maneira geral, que primavam por usar regras ortográficas próprias muitas vezes sem qualquer fundamento, por mero capricho ou vaidade. Esse fato terá, decerto, incentivado as mentes reformistas a pugnar pelo sistema fonorrepresentativo a partir dos últimos decênios do século XIX.

Verifica-se, enfim, que o exitoso movimento de Gonçalves Vianna em prol de uma ortografia simplificada, movimento que conquistaria a simpatia de tantos especialistas de escol, como José Leite de Vasconcelos (1958-1941), José Joaquim Nunes (1859-1932), Carolina Michaëlis de Vasconcelos (1851-1925), Antônio Garcia Ribeiro de Vasconcelos (1860-1941), entre outros, erigiu-se em terreno preparado por filólogos d'aquém e d'além mar que o antecederam nessa espinhosa e gratificante tarefa de descrever o funcionamento da língua portuguesa e contribuir para a construção de projetos pedagógicos destinados ao seu ensino como língua vernácula.

Nesse intuito, a julgar pelas informações que a documentação histórica nos legam, Frei Caneca cumpriu missão exemplar, sobretudo levando-se em conta as vicissitudes que o cárcere lhe impunha na tarefa de preparar material didático adequado às lições de língua portuguesa que ministrou aos companheiros detidos. Sobre o texto do *Breve compêndio*, como dissemos, ainda resta muito a esclarecer, seja em perspectiva interna, que cuidará das fontes doutrinárias efetivamente recorridas, da estrutura orgânica com que o autor dispõe a matéria, a par da conceituação teórica que se oculta nas entrelinhas das definições propostas, seja em perspectiva externa, que definirá a exata origem histórica do texto escrito por Frei Caneca e, possivelmente, reformulará a hipótese, hoje admitida como mais provável, de que se trata de uma obra escrita durante o período em que o autor esteve confinado ao cárcere.

Fontes Inglesas dos Estudos Gramaticais Brasileiros

A leitura dos textos de língua vernácula produzidos no Brasil no século XIX revela sensível predominância das escolas europeias como fonte de inspiração teorética, com ênfase nas vertentes alemã, inglesa e francesa. Hão de distinguir-se, por sinal, para a correta avaliação do fato, dois aspectos relevantes do tema: a tese doutrinária e a fonte bibliográfica que a divulga. Não obstante ambos os aspectos se integrem como faces de uma mesma moeda, não se pode confundi-los, dado o distinto papel historiográfico que compete a cada um.

Com efeito, a influência doutrinária se define como o aparato teórico de que se serve o pesquisador — sobretudo o estudiosos das língua vernáculas — para descrever os fatos gramaticais de dada língua, não sendo raro que teses oriundas de doutrinas diferentes se irmanem neste afã descritivo. Já a fonte bibliográfica é a obra aonde vai o investigador recolher esta informação científica, o que implica, em última análise, ser o ponto de contato direto ou imediato que o estudioso de língua vernácula mantém com as teses doutrinárias.

Ora, sabemos que nem sempre se recolhem informações objetivas sobre modelos teóricos diretamente das obras escritas por seus ideólogos. A bem da verdade, essas informações chegam-nos na maioria das vezes mediante compêndios de Linguística Geral, escritos para expor de modo sistemático e didático todas os aspectos e nuances das escolas científicas, de que resulta, por exemplo, conhecermos as ideias de Franz Bopp (1791-1867) e Jacob Grimm (1785-1863) não pela leitura direta de seus textos, mas pela leitura de trabalhos que lhes fazem referência, com acurada descrição e amplo comentário de seus princípios.

Esta intermediação não raro cabe aos próprios gramáticos, na medida em que, ao aplicarem em suas obras descritivas os princípios de dado modelo de investigação da língua, também atuam como divulgadores destas teses, com o trunfo adicional de comprovarem sua aplicabilidade ao fato concreto, às estruturas gramaticais de uma certa língua ou de várias línguas em conjunto, como fizeram os gramáticos comparativistas do século XIX. Destarte, o que se observa é uma fonte bibliográfica que, não obstante se dispa do objetivo primacial de divulgar a tese doutrinária, acaba por indiretamente cumprir tal função. Em última análise, a fonte bibliográfica faz circular uma dada tese doutrinária nem sempre é o texto original escrito pelo linguista doutrinador.

No caso brasileiro, em que as teses usadas para descrição do português chegavam das escolas europeias, como já fizemos observar, a questão se abre de modo bastante claro: embora a doutrina agasalhada seja dos nomes mais proeminentes da teoria linguística alemã, como Franz Bopp, Jacob Grimm, August Schleicher (1821-1868), Friedrich Diez (1794-1876) e outros, as fontes bibliográficas são, em sua maioria, textos vernáculos de língua inglesa e francesa, ou mesmo compêndios de gramática histórica, em que semelhantes teses já vinham sendo aplicadas com sucesso reconhecido. Em outras palavras, a leitura direta era a dos compêndios gramaticais, como os de Charles Mason (1820-1900), Alexander Bain (1818-1903), Gaston Paris (1839-1903), Cyprien Ayer (1825-1884), entre outros, mas o que deles se absorvia eram na realidade os conceitos de Linguística Geral lá imanentes.

Convém observar que essa preferência dos filólogos brasileiros pela leitura dos textos vernáculos — preferência, saliente-se, não exclusividade — em detrimento dos puramente doutrinários pode dever-se a dois fatores: o primeiro deles, recai sobre a dificuldade que enfrentava a maioria de nossos gramáticos para ler textos em alemão, justamente a língua original dos doutrinadores mais expressivos. Tal fato só não se agravava demasiadamente devido à razoável disponibilidade de textos traduzidos para o inglês ou para o francês, línguas com que a comunidade acadêmica estava mais afeita e familiarizada.

Uma outra explicação reside na maior facilidade que se confere ao pesquisador quando absorve a tese doutrinária já aplicada a um dado sistema linguístico, de que resulta significativa economia para o desenvolvimento do trabalho na descrição em outra língua, sobretudo se cognata. Um exemplo cabal encontramos na referência que Maximino Maciel (1922:110) faz à hipótese de classificação das palavras em nocionais e relacionais — que, por sinal, considerava ultrapassada —, a qual, originalmente proposta por Mason, é citada pelo filólogo brasileiro através das páginas da *Grammaire Supérieure* de Larousse.

O período da Gramática Científica, que se inicia com a publicação da *Gramatica portuguesa*, de Júlio Ribeiro (1845-1890), em 1881[36], revela um aparato teórico fincado em fontes bem definidas, não obstante diversificadas. Citam-se frequentemente grandes nomes da gramática histórico-comparativa — bem como alguns da escola dos neogramáticos e da Geografia Linguística —, a par de outros que gozavam da predileção de nossos filólogos, sem contudo desfrutar de tal conceito em sua própria terra. É o que ocorre, por exemplo, na referência que faz Ernesto Carneiro Ribeiro (1890:6) aos autores que lhe serviram de inspiração para a estruturação dos *Serões gramaticais*:

> Dahi uma serie de progressos e conquistas da sciencia grammatical, a que imprimiram os sellos de seu engenho Schlegel, Bopp, Pott, Jacob Grimm, Maury, Benfey, Burnouf, Diez, Max Müller, Bréal, Littré, Brachet, Clédat, Brunot, Suchier, Meyer-Lübke, Gaston Paris, Paul Regnaud, Darmesteter, Carolina Michaëlis, Adolpho Coelho, Pacheco Junior, Gonçalves Viana, Ribeiro de Vasconcélloz, João Ribeiro e tantos outros que deram uma feição inteiramente nova aos estudos grammaticaes, ampliando-lhes os fundamentos, fazendo irradiar muita luz em todos os factos da sciencia da linguagem.

Evidenciam-se nessa relação nomes que efetivamente integram o rol dos formadores de paradigma na linguística europeia, como Friedrich von Schlegel (1772-1829), Franz Bopp e Jacob Grimm, a par de outros igualmente importantes, como Max Müller (1823-1900), Friedrich Diez (1794-1876), Michel Bréal (1832-1915), Arsène Darmesteter (1846-1888) e Adolfo Coelho (1847-1919), além de vários vernaculistas que, não obstante estivessem num plano secundário, gozavam de imenso prestígio entre nós, exatamente por que seu trabalho servia como "ponte" para o conhecimento das novas doutrinas: Émile Littré (1801-1881), Ferdinand Brunot (1860-1938), Gaston Paris, Alexander Bain e Henry Sweet (1845-1912).

Outros tantos exemplos de referência às fontes europeias poderíamos aqui citar, sempre na linha a que aludimos, isto é, em que confluem grandes nomes da Linguística Geral com vernaculistas

---

[36] A respeito dessa afirmação, leia neste livro o texto *A Gramática brasileira do período científico*.

de escol. Testemunha o fato Maximino Maciel no posfácio da *Gramática descritiva* (1922:441), conforme se lê a seguir:

> Tornara-se [na segunda metade do século XIX] o Collegio de Pedro II o centro de que se ia irradiando a nova orientação cujos albores se vislumbravam nos concursos de linguas a que affluiam candidatos a quem eram familiares as doutrinas de Max Müller, Miguel Bréal, Gaston Paris, Whitney, Littré, Darmesteter, Ayer, Brunot, Brachet, Fréderich Diez, Bopp, Adolpho Coelho e outros, principalmente as dos autores allemães em que se estavam haurindo os elementos primordiaes para esta verdadeira Renascença dos estudos philológicos no Brasil.

Não se pode, entretanto, afirmar com absoluta segurança que todos os filólogos brasileiros que tenham citado autores desse jaez hajam efetivamente lido os trabalhos originais. Não seria de todo infundado admitir que tivessem tomado ciência da doutrina desses grandes nomes da linguística europeia pela leitura de outros autores representativos da mesma escola científica. A referência bibliográfica, à época, não seguia um padrão uniforme, sendo comum a simples menção de um sobrenome em nota de rodapé, sem qualquer alusão sequer ao título da obra consultada.

Se este hábito era fruto de um certo desinteresse pela informação bibliográfica ou da simples impossibilidade de oferecê-la — hipótese em que a referência se obteve na obra de terceiros — rigorosamente não podemos asseverar sem receio de cometer uma impropriedade ou injustiça histórica. Naturalmente, essa referência sintética ou mesmo incompleta confere ao pesquisador hodierno enorme dificuldade na identificação de autores menores, a quem a história da linguística não contemplou com reconhecimento expressivo. Alguns à época certamente desfrutavam de grande repercussão nos meios acadêmicos, sem, contudo, terem seus nomes definitivamente registrados pelos estudos historiográficos.

Sabemos, conforme já comentado, que não eram muitos os filólogos brasileiros que liam textos em alemão, língua em que escreviam quase todos os fundadores de paradigma do século XIX. Tal fato poderia constituir sério empecilho não fossem, ordinárias as traduções dos autores germânicos em francês ou inglês. Evidentemente, alguns filólogos, como Manuel Said Ali (1861-1953) e João

Ribeiro (1860-1934), que liam fluentemente em alemão — a par de Manuel Pacheco da Silva Júnior[37], a julgar por suas citações — podiam saber da teoria nas palavras próprias do autor, assim evitando as traiçoeiras armadilhas das traduções.

No que tange às fontes bibliográficas gramaticais, três grandes nomes dos estudos vernáculos em língua inglesa emprestaram considerável contributo para o desenvolvimento do pensamento gramatical no Brasil do século XIX: Charles Peter Mason, Alexander Bain, Alexander Allen (1814-1842), James Cornwell (1812-1902) e Henry Sweet.

A palavra de Alexander Bain chega ao Brasil com o minucioso modelo de inter-relação dos fatos gramaticais, mediante divisão binária da gramática em dois grandes segmentos: a *lexiologia* e a *sintaxe*. A lexiologia é certamente, neste projeto de descrição gramatical, verdadeiro núcleo unitário, de onde reverberam todos os demais campos da investigação linguística. Isso porque era a **palavra**, no período da Gramática Científica, a célula da análise linguística, sobre a qual se dirigia o foco das atenções do investigador, seja como elemento monolítico isolado, seja como item integrante da organização frasal ou das relações sintáticas.

Mason está presente nos estudos brasileiros do século XIX com sua teoria das relações sintáticas, que por sinal fora por ele adaptada ao estudo do inglês por inspiração no trabalho de Becker. Difundiu-se, com ampla aceitação (e alguma adaptação), o projeto de descrição sintática em dois níveis temáticos: *sintaxe léxica* e *sintaxe lógica*, a que Júlio Ribeiro adicionou um terceiro, *regras de sintaxe*. A primeira é atinente ao estudo das palavras inter-relacionadas na oração, a segunda se ocupa do estudo da estrutura das orações, ao passo que a terceira se incumbe das concordâncias, das regências e das particularidades sintáticas das várias partes do discurso. A princípio, poder-se-ia vislumbrar na sintaxe lógica uma concepção sistemática das relações sintáticas, sobretudo em face do uso do termo *estrutura*, com se lê na seguinte passagem: "A *sintaxe logica* considera a sentença no que diz respeito á sua estructura, quer sejam ellas simples, quer sejam ellas compostas" (Ribeiro, 1911 [¹1881]:229).

A hipótese, contudo, não se confirma na exposição do assunto, já que Ribeiro vincula a *relação* sintática — não a *função* sintática

---

[37] Sobre o pensamento gramatical de Manuel Pacheco da Silva Júnior, leia Rocha (2007).

— à palavra material, que lhe dá vida e sentido. Em síntese, na *estrutura* de Ribeiro não se vislumbra um nível sintagmático abstrato; o que se tem são relações diretas, termo a termo, denominadas *relação subjetiva* — a do sujeito com o predicativo —, *relação atributiva* — a da palavra que expressa a qualidade com a que expressa a coisa —, *relação adverbial* — a que vincula dada palavra a um adjetivo, verbo ou advérbio — *relação predicativa* — em que o predicado de uma sentença está para com seu sujeito — e *relação objectiva* — em que está para com um verbo de ação transitiva o objeto a que se dirige ou sobre que exerce essa ação.

Importa-nos, entretanto, tecer especial comentário à influência de outro linguista inglês, Henry Sweet, cuja referência no pensamento gramatical brasileiro é significativamente maior do que a que se lhe vem atribuindo. Homem de fecunda formação filológica, Sweet abriu o caminho para o estudo da fonética com seu livro *Handbook of Phonetics* (1877), além de haver contribuído para o incremento dos estudos comparativistas mediante publicação de trabalhos sobre as línguas russa, sueca e portuguesa, entre outras, fruto de suas várias viagens de estudo. Seu texto *A handbook of phonetics* (1877) é obra pioneira na descrição dos sons linguísticos em dimensão distinta da meramente fisiológica. Nesse intuito, Sweet segue as lições oferecidas por Alexander Melville Bell (1819-1905) em seu *Visible speech* (1867), um método de ensino dos sons do inglês para pessoas com deficiência auditiva ou articulatória. Encantado com a metodologia criada por Bell, Sweet chega a afirmar: "it is no exaggeration to say that Bell has in this work done more for phonetics than all his predecessors put together (1877:VII). Sua *A History of English Sounds* (1888a) discorre minuciosamente sobre a mudança ocorrida no sistema de sons do inglês "desde os tempos mais remotos" pelo método comparativo, e na *A New English Grammar, logical and historical* (1888b) discorre sobre os vários segmentos da gramática inglesa, sobretudo a sintaxe, também pelo método comparativo, ou, nas palavras do autor, "a scientific English gramar, founded on na independent critical survey of the latest results of linguistic investigation as far as they bear, directly or indirectly, onn the English language" (1900:V).

Cremos que a primeira menção ao nome de Sweet coube a João Ribeiro, em rápida passagem da *Gramática portuguesa* (1933 [[1]1887]), para advogar a inclusão da etimologia entre os objetos da filologia geral, não da gramática. Embora trace, nas primeiras linhas de sua obra, o plano geral da gramática em consonância com o mesmo quadro hierárquico de Júlio Ribeiro — lexiologia e sintaxe —, João Ribeiro, na realidade, estrutura a disposição da matéria gramatical de maneira radicalmente distinta. Verifica-se haver na *Gramática portuguesa* três grandes segmentos, em mesmo nível hierárquico, intitulados *O vocábulo, Sintaxe* e *Estudos complementares*. O primeiro trata da classificação e da forma (aí incluída a flexão) das palavras; no segundo sobrevêm a sintaxes das classes gramaticais, a análise lógica e os vícios de sintaxe. É no terceiro segmento, *Estudos complementares*, em que entram a fonologia, a etimologia e a semântica. Inspirado em tese levantada por Henry Sweet em sua *A New English Grammar*, João Ribeiro reluta em situar a fonologia em nível subordinado à lexiologia, a despeito de, surpreendentemente, assim constar na descrição de gramática que abre sua principal obra didática. A leitura de Ribeiro, na verdade, revela que o meritório filólogo brasileiro considerava a fonologia, bem como a etimologia e a semântica, partes da filologia geral, disciplinas de forte componente histórico, razão por que relutava em incluí-las na área de competência da gramática pedagógica. São decisivas a respeito suas palavras (Ribeiro, 1908:45):

> O estudo do sentido do vocabulo chama-se *Semantica* e o da origem e historia das fórmas primitivas, *Etymologia*; conquanto muito dependentes da grammatica, d'ella não fazem commumente parte a Etymologia e a Semantica, e antes representam divisões da philologia geral.

E conclui:

> Este estudo [da fonologia], porém, sob o aspecto linguistico e historico, como observa Sweet (*A new English grammar logical and historical*), não deve fazer parte da grammatica e é antes um ramo muito especial da philologia. Por isso e ainda pela difficuldade do assumpto, collocamol-o no fim d'este livro, com o estudo complementar e de modo breve e summario.

A referência mais relevante ao nome de Henry Sweet entre nós, contudo, se faz no capítulo sobre pronomes da *Gramática histórica*, de Said Ali (1971 [¹1931]), com que o germanista viria a propor um novo tratamento na classificação dos termos predecessores do nome dentro do sintagma. O pronome, na gramática científica tinha eminentemente o papel de substituto do nome, razão por que aquelas palavras acessórias que acompanham o nome no sintagma, como os indefinidos e os possessivos, eram distribuídas nas várias subclasses do adjetivo.

De Sweet importou Said Ali uma nova concepção do pronome, visto como *nomes e adjetivos gerais*, em oposição aos *nomes ordinários e adjetivos específicos*. Nessa concepção, os pronomes, a rigor, eram ou substantivos ou adjetivos que tinham significado generalístico, a ponto de referirem-se a toda uma coletividade indeterminada. Daí surge a hoje clássica subdivisão em pronome substantivo e pronome adjetivo, que durante vários anos competiria com a antiga dicotomia pronomes — adjetivo determinativo na maioria das gramáticas escolares, até ser oficialmente adotada pela Nomenclatura Gramatical Brasileira em 1959.

Com efeito, em português há nomes de grande generalidade semântica, de tal sorte que seu emprego na sentença toma ares típicos dos pronomes, caso de **senhor**, e **o autor** (exemplos de Said Ali). Adverte, por sinal o sábio filólogo fluminense, em corroboração desta tese, que o substantivo latino *rem*, em face de sua grande generalidade, passou com o tempo a ser usado como pronome. Com base na teoria de Sweet, Said Ali defende a classificação dos pronomes como pronomes substantivos ou absolutos, e pronomes adjetivos, usando neste mister terminologia já empregada anteriormente por outros filólogos brasileiros, fato que numa certa medida pode provocar confusão conceitual.

A rigor, a denominação pronome substantivo e pronome adjetivo já está na *Gramática descritiva*, trazida a lume por Maximino Maciel em 1894. Ressalve-se, entretanto, que o valor taxionômico dos termos em Maximino e em Said Ali é diferente: no primeiro, o conceito de pronome adjetivo não se amplia a todo termo que acompanha o nome, dando-lhe determinação (e não qualificação); restringe-se, na verdade, aos pronomes que "evitam a repetição do substantivo", como em *este homem e **aquele**, teu livro e o **meu*** (Maciel, 1922 [¹1894]:56).

Não se pode aceitar sem reservas a hipótese de Maciel, visto que o pronome nos exemplos oferecidos não funciona propriamente para evitar a repetição. Basta verificar que seu emprego seria igualmente necessário caso o falante optasse pela repetição do termo em zeugma. Em aditamento, a análise da proposta de Maciel revela que o filólogo sergipano atribui igual valor adjetivo aos numerais — *eu tenho um livro e tu dous*. Vale ainda notar que Maximino atesta estar o pronome adjetivo em função típica dos adjetivos designativos, conforme se denominavam na época os termos que precediam um núcleo nominal explícito sem atribuir-lhe valor semântico qualitativo: *meu carro, tua casa* etc.

Uma outra tese agasalhada por Sweet, está na seara dos estudos prosódicos, confere apoio doutrinário a Said Ali na descrição do fato gramatical em português. Referimo-nos ao texto *Fenômenos da intonação*, um dos ensaios que compõem o volume *Dificuldades da língua portuguesa* (1966 [¹1908]), cujo título substitui o primitivo *Fenômenos da acentuação*, tendo em vista que, como adverte o próprio Said Ali, o termo *acentuação* vinha sendo incorretamente vinculado a *acentuação gráfica*, "alguma cousa como emprêgo de notações léxicas", não obstante fosse do ponto de vista linguístico o mais adequado para emoldurar a matéria (Said Ali, 1966 [¹1908]:57).

Neste estudo, Said Ali reúne sua leitura recente de vários linguistas europeus, vinculados a diferentes paradigmas, como Eduard Sievers (1850-1932), Karl Brugmann (1849-1919), Paul Passy (1859-1940) e Victor Henry (1850-1907) para, corroborando as teses de Henry Sweet, alinhavar um preciso estudo acerca da acentuação na frase, algo de que se aproxima apenas o cuidadoso capítulo sobre fonética que abre *O idioma nacional*, de Antenor Nascentes (1960 [1926-7-8]). Não há na literatura filológica brasileira da época estudo que se compare a esse ensaio magistral de Said Ali acerca das nuances melódicas da acentuação na fraseologia portuguesa, um passo precursor das denominadas curvas tonais e acentuais que tanto se utilizam hoje na didática de línguas estrangeiras.

A linha teórica que norteia todo o trabalho parte da distinção entre acentuação *dinâmica* (expiratória ou enfática) e acentuação *musical* (cromática ou tônica), abstraídos da tese de doutorado *Études sur les changements phonétiques et leurs caractères généraux* (1891), que Paul Passy apresentou à Faculdade de Letras de Paris. Nas línguas românicas, bem como no inglês e no alemão, a acentuação é essencialmente *dinâmica*, isto é, pautada na intensidade silábica; a acentuação dita musical, cunhada na elevação tonal da voz, é utilizada "para modificar o sentido geral das frases", como se observa no *sim* português, de valor afirmativo, admirativo exclamativo etc.

O que marca a precocidade dos estudos de Said Ali — nos estudos de língua portuguesa, cabe alertar — é a ampliação dos estudos prosódicos dos limites da palavra para os domínios da frase. Ao menos dois princípios podem ser abstraídos de suas observações acerca do acento dinâmico na frase portuguesa, a saber:

a) **a preferência ordinária pelo acento mais forte na última palavra**: trata-se de fenômeno que se configura não só nas orações, como também em "outros casos" (sintagmas nominais): *Eu quero, João quer, casa grande, homem velho.*

b) **a ideia principal ordinariamente fica no segundo termo da sequência frasal, apoiada pelo acento mais forte**: trata-se de princípio decorrente do primeiro, em que se revela a notável mobilidade sintática do português. A simples comparação dos exemplos *Eu lhe digo* e *Digo-lhe eu*, oferecidos pelo próprio Said Ali, serve para comprovar a eficácia do acento final na sentença para conferir maior peso à palavra ou termo que ali se aloja.

Convém alertar que, em suas próprias conclusões, Said Ali observa a maleabilidade da frase portuguesa a ponto de admitir flutuações de acento dinâmico, de tal sorte que recaia em qualquer ponto da frase, conferindo, destarte, significados diferentes à mesma sequência frasal. Com os princípios da acentuação dinâmica na frase, Said Ali logra interpretar fatos da língua a que poucos se aventuram, como a complexa questão do uso de *o que* em alternância com *que* simples.

Neste caso, Said Ali assevera, com base no princípio da acentuação mais forte no último elemento de dada sequência sintática, que o interrogativo *que* via de regra recebe a carga acentual mais elevada em face de um termo proclítico regente, como a preposição ou outro pronome: *vais trabalhar para quê? com quê se escreve?* Quando não há regência, mantém-se a ênfase no último elemento como um o proclítico: *vais escrever o quê?* O que se percebe, pois, é que "obrigatória no fim da oração, a forma *o que* substitui à vontade o simples *que* no princípio ou no meio da frase, desde que o escritor queira pôr em relêvo o interrogativo" (Said Ali, 1960 [¹1908]:59).

É evidente que, hoje, a Linguística ofereceria outras hipóteses para justificar o uso de *o que* por *que* em frases portuguesas, muitas bem diversas da que norteia o pensamento de Said Ali. De qualquer forma, importa notar que essa proposta é um dos exemplos que marcam a figura de Said Ali como o único linguista brasileiro de sua geração que, desagrilhoando-se da obsessão lexiológica, soube dar tratamento científico à *semântica da frase*, seja pelo caminho da sintaxe (Said Ali, 1930), seja pelo caminho da prosódia, ou da fonética, como preferia denominar o mestre.

Verifica-se, enfim, que a presença de Henry Sweet no percurso dos estudos linguísticos e filológicos brasileiros serve de referência para pelo menos duas conclusões relevantes, do ponto de vista historiográfico. Primeiro, ratifica a tese já consolidada de que nossas fontes bibliográficas eram majoritariamente de textos vernáculos, sobretudo os compêndios descritivos elaborados com fulcro no comparativismo europeu. Segundo, fornece-nos sólidas evidências da grande participação dos estudos saxônios na arquitetura da gramática brasileira, fato que denega procedência à alentada exclusividade dos estudos de filologia românica na formação de nosso pensamento gramatical.

O *Corpus* de Língua Literária na Tradição Gramatical Brasileira[38]

Em seu precioso estudo sobre a língua de José de Alencar, Gladstone Chaves de Melo dá-nos conta das falsas verdades que "passam em julgado, entram no patrimônio intelectual de uma comunidade e ganham a fôrça de um axioma" (Melo, 1972:7). Nosso saudoso filólogo exemplifica esse fato com a corriqueira afirmação de que a Idade Média ter-se-ia configurado numa "idade das trevas", não obstante a simples leitura dos medievalistas mais conhecidos[39] revele-nos um medievo de verdadeiro esplendor artístico e não desprezível avanço científico. A linha de raciocínio de Gladstone busca remeter o leitor para a igualmente inidônea afirmação — também acatada como uma verdade inconteste em certas rodas — de que José de Alencar teria tido a intenção de fundar as bases de uma língua brasileira, hipótese que não se coaduna com o pensamento linguístico do grande romancista de Iracema.

Para exemplificar esse fenômeno da pseudoverdade acadêmica com um fato que integra o conjunto das preocupações sociolinguísticas de nosso tempo, ocorre-me a discussão em voga sobre o propalado hermetismo do texto jurídico.

Essa é daquelas assertivas frequentes nos estudos sobre o texto que devem ser dosadas em seus devidos níveis. Em 2008, participando do IX Congresso da Associação Internacional de Lusitanistas (AIL), na jovem e simpática Universidade da Madeira, assisti a uma comunicação em que se pugnava pela simplificação da linguagem jurídica, considerada extremamente complexa e inacessível ao leitor comum. A fundamentação era de que se a ninguém é dado o desconhecimento da lei, daí resultaria que o texto legal haveria de ser escrito em linguagem acessível a todos.

A tese é a um tempo procedente e falaciosa. Procedente porque, se o Estado impõe a todo cidadão o cumprimento da lei, decerto

---

[38] Versão atualizada do texto publicado na *Revista Portuguesa de Humanidades*. Braga: Universidade Católica. V. 12, n. 1, 2008, p. 173-181.

[39] Leia-se, por exemplo, o excelente relato da arte medieval em Dahmus (1995).

haverá de torná-la senão íntima, ao menos conhecida de todos, independentemente de classes sociais, credos, raças etc. A falácia, por seu turno, está em induzir a ideia de que, se nem todo leitor é suficientemente escolarizado para entender o texto legal, então que se proceda a uma reformulação de suas bases linguísticas para níveis mais simplórios. A rigor, tirante este ou aquele termo técnico que um bom dicionário saberá esclarecer, o texto legal é absolutamente compreensível de todo leitor com razoável nível de formação escolar. Entretanto, vivemos uma época em que, se o leitor não chega ao texto, o culpado é sempre o texto. Curioso notar que, dentre os exemplos de hermetismo jurídico apresentados pela autora do referido trabalho do Congresso da AIL, está o uso da mesóclise pronominal, uma construção considerada "impensável no português do Brasil". Cabe perguntar: será o texto jurídico realmente hermético, ou será que não temos conseguido formar bons leitores em nossas escolas?

Em paralelo, uma semelhante linha de conduta acadêmica vem atribuindo ao texto literário, nos dias atuais, um certo teor de incompatibilidade com o ensino da língua, tendo em vista as naturais peculiaridades que o espírito de literariedade lhe conferem, tais como o vocabulário incomum, as inversões sintáticas, as flexões inusitadas, tudo em desacordo com o necessário coloquialismo que deve reinar no uso da língua como meio de comunicação. Assim, considerando a presença quase exclusiva da língua literária no campo da descrição gramatical, passa a viger mais uma dessas "pseudoverdades" de que traçamos juízo: a tradição gramatical brasileira peca pelo normativismo exacerbado, com fulcro em um *corpus* de língua literária anacrônico. De que elementos dispõe o historiógrafo da linguística para tratar imparcialmente essa questão, sem deixar-se contaminar pela opinião desavisada de terceiros? Como avaliar hoje a atividade de descrição gramatical implementada por pessoas que viveram há várias décadas, há mais de século, sem contaminar a avaliação com elementos que não integram a episteme da época estudada?

Inicialmente, cumpre definir o objeto da descrição gramatical. Partamos do pressuposto de que a atividade de descrição dar-se--á necessariamente em face de um *corpus* homogêneo e unitário, ou seja, em dado estado de língua. Esta é uma lição que nos vem de Ferdinand de Saussure (1857-1913) — "qui dit grammatical dit synchronique et significatif" (Saussure, 1949:185) —, sedimentada na ordem linguística do século XX, cujos princípios, entretanto, já grassavam entre os melhores filólogos do século XIX, bem antes de o relato sobre o *Cours* de Saussure difundi-los nos meios acadêmicos. O que se quer dizer, enfim, é que não há possibilidade de descrever o funcionamento do sistema linguístico em movimento.

Quando negou a existência de uma gramática histórica — "il n'y a pas pour nous de 'grammaire historique' (Saussure, 1949:185) —, Saussure tinha em mente esse imperativo de método: gramática como descrição delimita-se em um estado de língua, cujo *corpus* seja homogêneo e unitário. Em uma das centenas de aulas que recebi do mestre Evanildo Bechara em nossas conversas de toda hora, ouvi essa similitude esclarecedora: se quero descrever uma pessoa, tenho de escolher essa pessoa aos cinco anos, aos dez, aos quinze, aos vinte etc., mas não posso ter o retrato dessa pessoa reunindo numa só fotografia as várias faces de sua fisionomia ao longo da vida.

Ultrapassado o primeiro ponto essencial, esse do objeto da descrição gramatical, passo agora ao segundo: como garantir a unidade do *corpus* na descrição? Esta é tarefa que não raro atormenta o linguista, visto que a variação de usos é acentuadíssima, mesmo levando-se em conta uma perspectiva de segmentação sociolinguística em registros ou variáveis diastráticas, exatamente porque não são inteiramente nítidos os limites desses registros. Uma premissa, entretanto, há de respeitar-se: não se podem imiscuir os fatos da língua oral com os da língua escrita. Essa é daquelas obviedades que surpreendentemente têm de ser reiteradamente repetidas, já que não costumam ser levadas em conta nos textos sobre o tema.

Sabemos, pois, que o falante de uma língua, usado o termo aqui em sentido lato, não mantém o mesmo comportamento em face do texto quando simplesmente fala ou quando escreve. E quando fala, também altera certos procedimentos de construção frasal — tais como a seleção de vocabulário e a escolha de estruturas sintáticas — em face do ato de enunciação em que se inscreve. Também quando escreve, o falante costuma desviar os rumos do texto em face do grau de formalidade exigido, razão por que soa clara a noção de que, senhor do texto em sua gênese[40], o falante intuitiva-

---

[40] O autor é senhor do texto em sua gênese, o qual, uma vez dito, ganha imediata emancipação e passa a ter os significados de suas leituras.

mente o modula na tentativa de adequá-lo ao ato de enunciação de que participa.

Essa mudança de comportamento do falante em face da língua, entretanto, revela-se mais evidente quando comparamos os procedimentos da língua oral e da língua escrita, sobretudo porque somente a segunda detém o necessário pré-requisito de unidade e homogeneidade. A primeira, mesmo em norma padrão, admite construções que a segunda rejeita, do que resulta admitir-se analogamente que o conceito de língua padrão não se aplica homogeneamente ao texto oral e ao texto escrito. Em síntese, a descrição gramatical far-se-á obrigatoriamente em *corpus* de língua escrita dada a cabal impossibilidade de fazê-lo em *corpus* de língua oral.

Por tais motivos, especificamente no tocante à elaboração de uma gramática descritiva ou mesmo normativa, a garantia de trabalhar-se com *corpus* unitário e homogêneo obtém-se nos limites da língua escrita, com específica referência a dado estrato de uso linguístico. Surge, então, a terceira indagação: por que a língua literária goza da preferência dos antigos gramáticos como *corpus* de apoio para a descrição gramatical?

Em um ensaio recente, que cuida de alguns aspectos da norma gramatical em face do *corpus* de língua oral, Marli Quadros Leite assevera que "as regras da gramática normativa são extraídas de textos escritos literários, de épocas anteriores à da descrição. Aquela norma, portanto, jamais será integralmente praticada e os pontos de discordância entre o que um usuário culto fala/escreve e o prescrito são exatamente os que 'saltam aos ouvidos e olhos' dos usuários e causam a sensação de desconforto, de haver 'erro de português" (Leite, 2001). A asserção procede exatamente porque a norma descrita, se jamais será integralmente acolhida, decerto será parcialmente praticada pelo falante culto, sendo que os pontos de divergência mais flagrante haverão de receber maior atenção do professor na atividade pedagógica. Em verdade, especificamente ao professor cumpre a tarefa de relativizar a influência da língua literária na produção textual do aluno, demonstrando em que medida, pela experiência de leitura, as construções gramaticais de textos passados são recebidas pela norma escrita contemporânea.

Mas a terceira e derradeira indagação é plenamente esclarecida se admitirmos que o papel da gramática é o de registrar os usos exemplares no âmbito de uma língua histórica e, em aditamento, acatarmos a premissa de que a língua literária é o *locus dicendi* das formas exemplares. Como reiteradamente nos ensina Eugenio Coseriu (1921-2002) em seus estudos sobre a relação entre o ensino da língua e a literatura, é nos limites dessa última que se encontra "a plena funcionalidade da linguagem ou a realização de suas possibilidades, de suas virtualidades" (Coseriu, 1993:39). A lição de Coseriu resume-se na observação de que, diferentemente da língua presente na vida prática ou mesmo das normas da linguagem científica — que constituem modalidades dos usos linguísticos — a língua literária não se encerra em limites comportamentais, pois percorre sem reservas as várias possibilidades de uso, de que decorre seu expressivo caráter funcional.

Por outro lado, a objeção ao fato de as gramáticas optarem por *corpus* literário de épocas anteriores à data da descrição linguística deve ser avaliado com maior cautela. Em sua *Gramática expositiva*, escrita em 1907, Eduardo Carlos Pereira (1855-1923) recorre a um *corpus* literário de autores antigos em companhia de outros então recentemente falecidos, tais como Alexandre Herculano (1810-1877), Antônio Feliciano de Castilho (1800-1875), Camilo Castelo Branco (1825-1890) e Manuel Odorico Mendes (1799-1864). Saltando para um exemplo de nossos tempos, encontra-se nas páginas da *Nova gramática do português contemporâneo*, trazida a lume em 1980 por Celso Cunha e Luís Lindley Cintra, um *corpus* em que figuram nomes como Jorge Amado (1912-2001), Ciro dos Anjos (1906-1994), Manuel Bandeira (1886-1968), Pepetela, sem omissão, decerto, de nomes mais afastados no tempo, tais como Machado de Assis (1839-1908), José de Alencar (1829-1877) e Graça Aranha (1868-1931).

Claro que há um certo afastamento temporal entre a descrição e o *corpus* em que essa se assenta, mas talvez resida aqui uma atitude intuitiva do gramático na busca de informações sobre usos da língua escrita que já se tenham estabelecido como um fato vernáculo definitivo, não mais sujeito aos modismos ou às tendências que não resultam em formas de expressão efetivamente acatadas como válidas pelo usuário.

Cuide-se, por exemplo, do atual hábito, que no Brasil se percebe, de usar a perífrase de *estar* com gerúndio para expressar aspecto pontual no futuro, do tipo "Amanhã vamos estar escolhendo o local do congresso", em que o gerúndio toma as vezes ao infinitivo. Essa não é uma construção que se encontre em língua literária escrita, mas não será de estranhar que esteja penetrando no texto escrito publicitário ou mesmo jornalístico. Observe-se que, do ponto de vista sistêmico, tem a construção largo amparo de uso na tradição escrita, contudo sempre para expressar aspecto progressivo presente ou futuro, que é o tradicional do gerúndio em português, como em "Amanhã a esta hora já estarei voando para o Nordeste". A novidade, a rigor, não é estrutural, mas semântica, razão por que acatamos sem reservas uma frase como "Não poderei sair à tarde, pois vou estar corrigindo provas", mas estranhamos um "Vou estar verificando seu cadastro".

Agora, considerando a nova face que a língua literária vem revelando hodiernamente, em que a proximidade com o padrão falado parece ser mais imediato em certos autores, não seria de estranhar que uma obra ou outra viesse a incorporar a perífrase gerundial de aspecto pontual. Seria, assim, temerário ao gramático acolher essa estrutura como uma expressão da exemplaridade linguística do português brasileiro, pois não cuidou de dar tempo suficiente para que efetivamente fosse eleita como uma forma de expressão empregada sem restrições.

Esse é o motivo por que cumpre ao gramático verificar a ocorrência do uso no conjunto dos textos literários produzidos em certo período, para que se certifique não se tratar de uma idiossincrasia. É o que ocorre, por exemplo, com as ocorrências do verbo *haver* usado em construções pessoais em alguns autores brasileiros e portugueses do século XIX. O português literário, por exemplo, consagrou o uso do verbo *haver* impessoal quando em sentido de *existir*. Não obstante, nossa bibliografia literária é farta em exemplos de *haver* flexionado, seja em obras brasileiras, seja em portuguesas, como nesse passo de Camilo Castelo Branco: "Houveram muitas lagrimas de alegria. Abraçaram-se todos no bemfeitor; e o velho era o mais commovido" (1858:87). Por sinal, a preferência pela concordância não era coisa rara nos textos oitocentistas, como nos faz observar Cândido Jucá [Filho] (1900-1982) e seu precioso estudo sobre o texto de José de Alencar (Jucá Filho, 1966:136). No próprio Alencar, por exemplo, encontra-se nítida preferência pelo imperativo negativo em lugar do subjuntivo: "Vamos, Álvaro, não desamparai o vosso posto, disse D. Diogo" (Alencar, 1977:56).

Que postura terá o gramático diante dessas informações? Aqui, o critério da sensatez orienta pela aferição da presença do fato gramatical não em um dado autor, mas no conjunto dos autores literários que se relacionam pela contemporaneidade, porque essa é a garantia de fidelidade da informação. Observe-se que tanto a concordância de *haver* quanto o imperativo em frases negativas são fatos da oralidade que parecem remontar aos primeiros tempos de consolidação do português como língua urbana de uso ordinário. No entanto, não temos convicção de que seu uso em Alencar é efetivamente uma homenagem à língua falada ou apenas um traço idiossincrático. A avaliação criteriosa do gramático deverá ser a de que se trata de construções que compõem o conjunto das estruturas linguísticas presentes no *corpus* de língua literária, sem, contudo, haverem merecido acolhida de uma geração de autores, ou seja, não foram acolhidas como um fato usual.

Em outra linha de avaliação dessa íntima relação que a Tradição Gramatical estabelece entre a descrição linguística e o texto literário, percebemos que esse perfil resulta de uma questão de método. Não desconhecem os que estudam os textos gramaticais do passado que neles há um indissociável comprometimento entre descrição e ensino. A rigor, as gramáticas do passado são eminentemente manuais didáticos, obviamente distintas quanto à maior ou menor profundidade de tratamento dos fatos linguísticos. E será justamente esse compromisso pedagógico que faz emergir como naturalmente preferível o *corpus* de língua literária, no sentido exato de outra indissociável relação: língua e literatura.

Decerto que, nesses nossos tempos em que até nas classes de ensino fundamental e médio língua e literatura ocupam lugares afastados entre si, soa um tanto anacrônico o imperativo de ensinar a língua materna através do texto literário. Mas o anacronismo aqui, a rigor, é expressão do obscurantismo, pois é fruto de uma avaliação que não considera a plena funcionalidade do texto literário.

Por fim, gostaria de tocar um fator que a meu juízo confere maior relevância à língua literária na descrição gramatical de uma língua histórica: a fidedignidade do *corpus*. Não se duvida nessas linhas que o texto escrito não literário possa servir de base para uma descrição gramatical contemporânea, tomadas as precauções a que já me referi. A questão de fundo reside em saber se o texto não literário é efetivamente da lavra do autor. Não é raro no meio editorial que o texto passe por uma revisão gramatical que costuma evitar certas construções sintáticas menos usuais, para não falar das emendas em flexões do nome e até no uso do vocabulário.

Ora, dispensável dizer que uma descrição linguística pautada em *corpus* alterado por terceiros vicia-se na gênese, pois jamais terá o investigador a certeza de que uma dada construção seja fruto do uso contemporâneo ou do rigor normativo dos revisores. A linguagem jornalística, em certa medida, é fidedigna, se pensamos no universo dos editoriais ou dos textos assinados em que a vontade do autor prevalece a todo custo. Essa é, por exemplo, a causa de um Luis Fernando Verissimo registrar portuguesamente *marquetchim*[41] por *marketing* em várias de suas crônicas jornalísticas, sem que se ouse modificar-lhe a opção ortográfica.

A constatação, entretanto, é de que o texto na imprensa escrita é fruto de uma interferência corrompedora, não por corromper a norma gramatical contemporânea, mas por adulterar a originalidade do texto com as regras, por exemplo, dos manuais de redação e estilo, que quase todos os periódicos jornalísticos publicam, e das próprias gramáticas normativas de que dispomos hoje. Como *corpus* de investigação, pois, trata-se de texto que carece de fidedignidade. Diga-se o mesmo dos textos científicos e doutrinários que, embora sejam expressão de uma norma escrita pautada no conceito de correção, revelam-se inidôneos como fonte de norma exemplar, já que neles igualmente se ressente da necessária garantia de fidedignidade.

Decerto que o tema, apaixonante e controverso, poderia conduzir-me a uma sucessão de vários e longos parágrafos adicionais. Deixo aqui essas considerações, na esperança de haver contribuído para desfigurar esse estigmatizado olhar sobre a tradição gramatical brasileira, que a enquadra como um repositório de conceitos embotados pelo tempo. Recorrendo mais uma vez à clarividência de Eugenio Coseriu, deve-se ter em mente que "para interpretar o sentido é necessário conhecer as possibilidades de construção de sentido que se dão na linguagem" (Coseriu, 1993:42) e é efetivamente na língua literária que a linguagem alça aos mais amplos voos de sentidos possíveis.

---

[41] Veja um exemplo em http://oglobo.globo.com/pais/noblat/posts/2013/02/27/slogans-por-luis-fernando-verissimo-487906.asp

Os Estudos Historiográficos de Antenor Nascentes

O tempo, decerto, não faz da imparcialidade uma virtude. Costuma cobrir com o manto do esquecimento pessoas cujo mérito não se curva ao de outras fortuitamente abençoadas pela justa memória. Na busca de corrigir as injustiças do tempo, convém aqui e acolá repisar algumas referências aos que não gozam do reconhecimento devido, sobretudo nestes dias em que poucos são familiarizados com qualquer coisa que tenha sido escrita há mais de trinta anos, se tanto. Ocorre-me, pois, dizer duas palavras sobre o que um de nossos mais notáveis filólogos do século XX, Antenor Nascentes (1886-1972), com especial destaque dos textos que nosso velho filólogo produziu nesse segmento tão importante de nossa atividade científica: o da Historiografia da Linguística.

A lembrança serve não só como preito de gratidão a um dos nomes mais profícuos da Linguística brasileira, em face de sua inestimável contribuição ao estudo da língua portuguesa, mas também como veio condutor dos jovens pesquisadores e estudiosos de nossa língua para entrar em contato com a obra deste notável professor.

Com efeito, os brasileiros geralmente não temos noção exata da dimensão alçada pelo trabalho de muitos de nosso filólogos do passado. Ainda agora, em 2005, a segunda edição da monumental *Language and linguistic enciclopaedia*, trazida a lume pela Editora Elsevier, de Oxford, incluiu na seção de biografias dois nomes brasileiros entre os mais expressivos linguistas do século XX: Manuel Said Ali (1861-1953) e Joaquim Mattoso Camara Jr. (1904-1970). Não tenho dúvida de que o nome de Antenor Nascentes mereceria igual honraria, já que sua obra aufere igual peso no cenário linguístico brasileiro se comparada à dos colegas citados. Basta lembrarmos aqui o depoimento da envergadura de um Eugenio Coseriu, que se referiu, em duas oportunidades, ao nome de Antenor Nascentes como exemplo de excelência na condução do pensamento sobre a linguagem em solo sul-americano[42].

Nascentes é conhecido do grande público interessado em questões de linguagem como lexicógrafo, não obstante sua obra alcance dimensão bem mais extensa e aprofundada. Entendeu como poucos os mecanismos de construção frasal do português e soube com maestria descrever a gramática dessa língua à luz do modelo histórico comparativo, ainda em vigor à época de sua formação intelectual. As bases de seu pensamento linguístico, entretanto, não olvidaram os neogramáticos, a Geografia Linguística, nem sequer a avalanche do Estruturalismo, que se estabeleceria definitivamente entre nós com o concurso de Joaquim Mattoso Camara Jr.[43] Na verdade, Nascentes interessou-se por tudo que de alguma forma estivesse vinculado à linguagem humana: gramática, fonética, ortografia, norma, léxico, ensino etc. etc. Neste breve trabalho, como disse acima, cuidarei de uma face pouco exposta de sua obra, a do historiógrafo dos estudos linguísticos e filológicos, que se manifesta em pequenos textos de ponderadas reflexões sobre percursos, homens e obras.

Antes dispersos, muitos desses textos foram reunidos na nova edição dos *Estudos Filológicos* (Nascentes, 2003), que a Academia Brasileira de Letras publicou em 2003, sob a competente supervisão de Raimundo Barbadinho Neto. Dentre eles, destacam-se *A filologia portuguesa no Brasil* (1939), *Panorama atual dos estudos filológicos no Brasil* (1939), *Études dialectologiques aux Brésil* (1952), *Diretrizes atuais da Filologia*, *A Filologia Românica no Brasil* (1961). Outros textos podem citar-se, como as referências a vultos da Filologia Portuguesa — *Adolfo Coelho e a etimologia* (1949), *Figueiredo, esse mal julgado* (1955), *Leite de Vasconcelos e o Brasil* (1958) — e o emotivo *O Colégio Pedro II e a Filologia Portuguesa* (1939), uma das inúmeras declarações de amor do filólogo a sua devotada casa de ensino.

Cabe breve referência ao texto *Instituto de filologia*, publicado no *Correio da Manhã* de 20 de novembro de 1935, em que Nascentes exalta a criação do Instituto de Filologia da Universidade de São

---

[42] Refiro-me aqui aos discursos de Eugenio Coseriu proferidos nas solenidades de outorga do título de doutor *honoris causa* na Universidade Federal Fluminense e na Universidade do Estado do Rio de Janeiro em 1996.

[43] Sobre Nascentes e o Estruturalismo, leia-se Nascentes (1962), também publicado em Nascentes (2003).

Paulo (USP), sob os cuidados do professor Francisco da Luz Rebelo Gonçalves (1907-1982), lente da Faculdade de Letras da Universidade de Lisboa. A função de Rebelo, dentre tantos outros mestres portugueses que viriam trabalhar no Brasil a partir da década de 1930, era conferir maior qualificação aos candidatos a doutoramento em Filologia e Língua Portuguesa. Em seus comentários sobre a alentada iniciativa da USP, Nascentes ressalta que ali se apresentava a oportunidade concreta de que os estudos românicos, os estudos do tupi e sobretudo o método da Geografia Linguística, pautada nas teses de Jules Gilliéron (1854-1926), pudessem encontrar campo fértil nas sendas acadêmicas brasileiras.

Essa pequena notícia sobre a criação do Instituto de Filologia da USP arremata-se com um desanimado relato sobre as precárias condições de trabalho a que se sujeitavam os filólogos do Rio de Janeiro, sobretudo no tocante ao parco acesso às obras recentemente publicadas nos grandes centros europeus, algumas conseguidas com extremado esforço individual. Como exemplo dessa frágil situação, que decerto não se poderia atribuir apenas à Filologia, senão a todo o ensino superior fluminense, Nascentes relata com irônico pesar como uma verba de 8 mil contos de réis, dotada pelo Colégio Pedro II para a aquisição um laboratório de fonética importado de Hamburgo, fora confiscado pela Revolução de 1930. O breve texto dá ainda uma prova de denodo e estoicismo do autor de *O idioma nacional*, que se declara disposto a viajar pelo país, às próprias expensas, a fim de melhor estudar a dialetologia brasileira e aperfeiçoar o quadro dialetológico antes subdividido em nortista, sertanejo, fluminense e sulista (cf. Nascentes, 1922). A tarefa, com efeito, viria a consolidar-se com o estudo Divisão dialectológica do território brasileiro, publicado na Revista Brasileira de Geografia (Nascentes, 1955).

A agradável leitura dos textos historiográficos de Antenor Nascentes confere-nos outro testemunho interessante acerca do panorama da pesquisa filológica brasileira entre 1939 e 1961. Esses são os anos de publicação de dois estudos instigantes, o primeiro intitulado *Panorama atual dos estudos filológicos no Brasil* (Nascentes, 2003:225), o segundo intitulado *A filologia românica no Brasil*, esse resultante de uma palestra proferida na Faculdade de Filosofia da Universidade do Paraná. Desses depoimentos depreende-se que o interregno de 22 anos testemunhou grandes mudanças no cenário da pesquisa filológica brasileira, sobretudo no âmbito das universidades em que começaram a desabrochar os cursos superiores de Linguística e Filologia.

As linhas do ensaio *Panorama atual dos estudos filológicos no Brasil* revelam um Nascentes desacreditado do futuro da Filologia em nosso país em face da má formação dos mestres, sobretudo os jovens docentes, que se achavam, com raras exceções, "intoxicados de gramatiquice e prostrados com religiosa unção perante os tabus clássicos" (Nascentes, 2003:228). Em espécie de vaticínio, fruto, naturalmente, de sua aguçada visão dos problemas que pesavam sobre a vida intelectual da República Nova, nosso filólogo advertia que o marasmo em que se assentava a pesquisa sobre a linguagem só poderia ser combatido com a atuação firme da Faculdade de Filosofia da Universidade do Brasil, então em fase germinal.

As ambições não eram poucas, e bem denunciavam o clarividente olhar de um experiente e entusiasmado filólogo pela atividade que abraçava. Basta para tanto notarmos que, no rol das providências então propostas por Nascentes, no intuito de elevar os estudos filológicos brasileiros a patamar ao menos aceitável, impunham-se as seguintes: a) implementar nas bases teóricas da pesquisa a doutrina idealista, cunhada em Karl Vossler (1872-1949), Leo Spitzer (1887-1960) e Vicente García de Diego (1878-1978); b) implementar estudos estilísticos, baseados sobretudo em Charles Bally (1865-1947), fato que revela o eterno compromisso com o expressão do texto; c) dar impulso aos estudos de psicologia da linguagem, sob o amparo da obra de Jac. van Ginneken (1877-1945), Marcel Jousse (1886-1961) e Ferdinand Brunot (1860-1938). Como exemplo dessa linha de investigação, Nascentes refere-se oportunamente à tese de concurso *O fator psicológico na evolução sintática* (1933), de Cândido Jucá [Filho] (1900-1982), a que se poderiam irmanar os textos sobre o uso da partícula *se* oferecidos por Manuel Said Ali nas *Dificuldades da língua portuguesa*, sob a luz do modelo neogramático (Said Ali, 1966 [[1]1908]). Outros campos de vivo interesse são citados nesse rol de tarefas por cumprir — fraseologia, dialectologia, fonética experimental —, fato que bem denuncia o nível de ansiedade que invadia a alma de Nascentes naqueles finais da década de 1930, ciente de que a Filologia brasileira poderia dar muito mais do que até então vinha conseguindo produzir.

Poder-se-ia indagar sobre a ausência da Linguística Geral nesse rol de preocupações que afligiam o mestre carioca em 1939, visto que a disciplina, afinal de contas, fora ministrada na Universidade do Distrito Federal no ano 1938, em curso histórico do Prof. Mattoso Camara, embora posteriormente viesse a imergir em prolongada ausência de uma década após a extinção da Universidade do Distrito Federal e consequente criação da Faculdade de Filosofia da Universidade do Brasil em 1939. Sobre o assunto, Nascentes viria a expressar fundada preocupação em uma palestra apresentada na Universidade de Minas Gerais em novembro de 1950 (Nascentes, 2003:234), quanto ao fato de a lei que criou as faculdades de Filosofia não impor como obrigatória a disciplina Linguística, pois "não se compreende que tal cadeira não exista em Faculdades onde se ensinam línguas clássicas, línguas neolatinas e línguas anglogermânicas, num nível superior" (Nascentes, 2003:246). Dentre os linguistas citados por Nascentes como de leitura obrigatória nos cursos de Letras estão Charles Bally, Leonard Bloomfield (1887-1949), Michel Bréal (1832-1915), Berthold Delbrück (1842-1922), Georg von der Gabelentz (1840-1893), Maurice Grammont (1866-1946), Mattoso Camara, Hermann Paul (1846-1921), Ferdinand de Saussure (1857-1913), Nikolai Trubetzkoy (1890-1938), William Whitney (1827-1894), Wilhelm Wundt (1832-1920), entre outros. Em síntese, uma plêiade que envolvia o historicista, os neogramáticos e os estruturalistas.

Por fim, convém firmar que as preocupações com o futuro da filologia brasileira, tão enfaticamente expressas em 1939, viriam convolar em justificado entusiasmo, expresso no texto *A filologia românica no Brasil*, lido em palestra proferida na Universidade do Paraná no ano de 1961 (Nascentes, 2003: 256). Aqui Nascentes se rejubila pelo fato de as faculdades de Filosofia, após cerca de duas décadas de serviços prestados ao país, terem produzido um sem número de filólogos qualificados, entre os quais cita Aires da Mata Machado (1909-1985), Serafim da Silva Neto (1917-1967) (a quem se refere como "o caso mais estupendo que eu conheço de precocidade filológica"), Celso Cunha (1917-1989), Segismundo Spina (1921-2012), Wilton Cardoso (1916-1999), Rosário Farâni Mansur Guérios (1907-1987), Teodoro Maurer Júnior (1906-1979), Silvio Edmundo Elia (1913-1998), Mattoso Camara (1904-1970) — com a ressalva de que se trata de um pesquisador que "nunca deixa de lado o ponto de vista românico" —, e tantos outros pertencentes a essa rica geração.

Mas, do ponto de vista historiográfico, o texto de Nascentes que mais contribui para os estudos brasileiros é sem dúvida *A filologia portuguesa no Brasil* (Nascentes, 2003:188). Também escrito no profícuo ano de 1939, constitui estudo pioneiro na edificação de uma periodização da Linguística e da Filologia em nossa terra, razão por que costuma ser tomado por base em textos congêneres que vêm sendo publicados recentemente no Brasil. Nascentes idealiza nosso percurso filológico em quatro períodos: a) **período embrionário**, que inicia nos tempos "em que começou a cultura brasileira" até 1935, quando vem a lume o *Compêndio de língua nacional*, de Antônio Álvares Pereira, o Coruja; b) **período empírico**, que vai de 1835 a 1881, ano da primeira edição da *Gramática portuguesa*, de Júlio Ribeiro; c) **período gramatical**, que segue de 1881 a 1939; d) **período científico**, que o autor projeta para além de 1939, com a criação da Faculdade de Filosofia da Universidade do Brasil.

Não obstante a coerência sistêmica, alguma crítica se pode conferir a certos critérios norteadores desse quadro periódico. Primeiro, é controverso definir em que época começou a cultura brasileira, razão por que igualmente controverso o termo *a quo* do denominado período embrionário. Se considerarmos a produção literária do Brasil — e bastaria ficarmos por aqui — como critério norteador para estabelecimento do início da cultural nacional, não seria coerente incluir em seus domínios a obra de Anchieta? E a produção literária dos Setecentos não terá expressão nacional? São dados que nos conduzem para admitir como brasileira a personalidade cultural da colônia, logo digna de referência historiográfica se o assunto é historiografia brasileira.

No entanto, a postura de Nascentes com respeito a esse primeiro período é de flagrante menosprezo, sob a constatação de que "obedece exclusivamente a orientação portuguesa". Ao cuidar, por exemplo, do *Epítome de gramática da língua portuguesa*, de Antônio de Morais Silva (1755-1824), concebido em 1802 e publicado em 1806, Nascentes opta por desconsiderá-lo como obra genuinamente brasileira: "rigorosamente falando, se pode considerar um livro português, pois não se detém nas diferenças que já apresentava o falar brasileiro" (Nascentes, 2003:188). Dessa observação abstrai-se um conceito de nacionalidade textual imiscuído com o de compromisso nacionalista, que traz severas consequências historiográficas.

Não se duvide aqui serem os primeiros gramáticos brasileiros discípulos obsequiosos das principais obras lusitanas publicadas sob no modelo da gramática racionalista, sobretudo as gramáticas de Reis Lobato e de Soares Barbosa. Nem se discuta a pouca atenção que esses primeiros filólogos patrícios tenham conferido à vertente do português falado no Brasil. A questão é discutir se tais fatos são idôneos para excluir a obra desses intelectuais no estudo histórico de nossa produção gramatical. Lembremo-nos aqui de Bento Teixeira e seu poemeto *Prosopopeia*, cuja flagrante inspiração camoniana não impede seja "considerado um primeiro e canhestro exemplo de *maneirismo* nas letras da colônia" (Bosi, 1978:41). Por outro lado, se a afeição ao padrão lusitano fosse critério suficiente para exclusão de obras em nosso cenário filológico, não seriam poucos os filólogos, até mesmo de século XX, discriminados por essa cláusula de barreira.

Destarte, devemos relativizar, para usarmos aqui o conveniente neologismo, a postura de Nascentes em face dos primeiros gramáticos brasileiros do século XIX. Por outro lado, a escolha do texto *Compêndio de língua nacional*, de Antônio Álvares Pereira, o Coruja, como limiar do período empírico, por ser "a primeira obra de certo valor, escrita por um brasileiro" (Nascentes, 2003:188) há de ser acatada com as reservas que toda escolha pessoal impõe. A rigor, sobretudo do ponto de vista orgânico, a *Gramática* de Coruja não se distingue em nada das congêneres que a antecederam, como o *Compêndio de gramática filosófica da língua portuguesa*, de Antônio da Costa Duarte, publicado em 1929. Cremos que, por lapso, Nascentes supunha que a primeira edição do texto de Costa Duarte fosse de 1853. A rigor, esses textos são menos relevantes do que o *Breve compêndio de gramática portuguesa*, que Frei Caneca redigiu no cárcere, em data imprecisa ao final da segunda década dos Oitocentos. Nessa obra, as teses fonético-representativas do sistema ortográfico, por exemplo, são *mutatis mutandis* as mesmas que venceriam a barreira do sistema pseudoetimológico somente no século XX.

Enfim, este é o risco de citar apenas os escolhidos, já que o veio subjetivo das escolhas quase sempre colide com as ideias alheias. Nascentes põe em duvidoso patamar isonômico um Francisco Sotero dos Reis (1800-1871) e um José Alexandre de Passos (1808-1898). Quanto a Charles Grivet (1816-1876), nem uma palavra mereceu de nosso historiógrafo, a despeito da meritória *Nova gramática analítica*, publicada em 1881 ainda sob o manto do modelo racionalista.

O terceiro período idealizado por nosso mestre, a que denominou *gramatical*, — pela "proliferação de gramáticas" — inicia com Júlio Ribeiro e sua *Gramática portuguesa*, publicada em 1881. Aqui, decerto, o consenso é maior entre os que se dedicam à história da gramática no Brasil, visto que o texto de Ribeiro efetivamente inaugura, no âmbito dos compêndios gramaticais, a aplicação do método analítico, herdado aos cânones da Linguística Histórico-Comparada. Nesse segmento, rico em citações de nomes e obras, Nascentes deixa fluir um indisfarçável desprezo pelo normativismo que habitava os denominados "correios de consulentes", muito comum nos periódicos jornalísticos da virada do século XIX.

Com efeito, a implicância de Nascentes centrava-se em certa corrente que seguia a "praga das consultas" e afirmava que "o que não está nos clássicos está errado". Era como se, para mais uma vez aqui repetirmos suas palavras, a língua tivesse perdido o direito de transformar-se. Decerto que o normativismo vazio não conduz a bom termo, nem contribui para entendermos melhor a língua que falamos; não se pode, entretanto, negar que muitos desses textos dirigidos a consulentes, da lavra de um Mário Barreto (1879-1931) ou de um Cândido de Figueiredo (1846-1925), não raro tocavam questões interessantes e enriqueciam bastante o conhecimento das variáveis de língua escrita mais prestigiadas à época. O inconveniente, e aqui havemos de concordar irrestritamente com Nascentes, é transpor para a sala de aula regras de comportamento linguístico que condenem gratuitamente um padrão culto genuinamente brasileiro. Por sinal, a clarividência dessa repulsa em Nascentes é testemunho de seu compromisso com o ensino plural e pautado na exemplaridade de uso linguístico em solo americano.

Presença da Linguística Alemã na Gramaticografia Brasileira do Período Científico

1. A questão da influência em órbita meta-historiográfica

A influência doutrinária é hoje um dos campos de pesquisa historiográfica que mais contribuem para esclarecer os movimentos de transmissão do saber científico no âmbito da Linguística. Conforme já salientamos em outro estudo[44], a análise desse fenômeno epistemológico nas obras linguísticas — e, por extensão, nas obras científicas em geral — deve processar-se em dupla dimensão: a da referência expressa, em que o autor do texto cuida de informar ao leitor consulente que lançou mão das ideias residentes em texto de outra autoria, e a influência implícita, que se abstrai da pesquisa sobre a episteme em que se inscreve o texto analisado. Naturalmente, no contexto da influência implícita, as trocas axiológicas e ideológicas decorrem do contato que permeia todas as pessoas que se dedicam à atividade científica em dado momento da história da ciência.

No Brasil, por exemplo, um linguista formado nos anos 1970 e 1980, que supostamente jamais tivesse lido uma única página de Mattoso Camara (1904-1970), ainda assim seria influenciado[45] por suas ideias sobre o sistema fonético e morfológico do português, já que em praticamente todos os programas oficiais dos cursos de Letras as teses de Mattoso eram obrigatoriamente discutidas em sala de aula. Em outras palavras, ainda que o nome de Mattoso Camara seja omitido na obra de um linguista brasileiro do período em questão, há de inferir-se necessariamente o fluxo de influência mattosiana em seus textos como resultado do ambiente intelectual em que se formou.

Entretanto, há de observar-se que os caminhos sugeridos pela influência implícita por vezes conduzem a uma falsa interferên-

---

[44] Veja o texto *Sobre a influência da linguística francesa*...

[45] A influência pode provocar o efeito inverso da oposição ideológica, razão por que não se há de vincular necessariamente "influência" e "filiação" doutrinária.

cia ideológica em conceitos aparentemente correlacionados, ou mesmo fundamentados na mesma hipótese teorética. Lembre-se aqui a propagada presença das teses evolucionistas de Charles Darwin (1809-1882) nas ideias linguísticas de August Schleicher (1821-1868) — cite-se, por exemplo, (Kristeva, 1988:184) — embora hoje já se tenha absoluta certeza de que a descrição do mecanismo de evolução orgânica das línguas proposta pelo linguista alemão, tendo sido publicada em 1853, em nada se inspira nas ideias darwinistas, de que Schleicher tomou ciência tão somente em 1863 por sugestão de Ernst Haeckel (1834-1919; cf. Koerner, 1989:217).

No tocante aos indícios de influência doutrinária mais idôneos, cite-se a referência direta de um autor ao trabalho de outrem. Esta é, sem dúvida, a fonte mais fidedigna para se estabelecer um vínculo ideológico entre dois autores, bem como o grau ou intensidade em que se pode aferir semelhante vínculo. No caso dos linguistas brasileiros, a referência direta às fontes bibliográficas não constituía hábito regular até pelo menos as primeiras décadas do século XX, de tal sorte que a tarefa de levantamento dessas fontes torna-se hoje bem mais trabalhosa para o historiógrafo. Por vezes, o nome de um linguista inspirador é citado no corpo do trabalho quando se desenvolve dado conceito, mas nada se diz sobre a obra específica que serviu de inspiração. Nessas situações, a leitura dos prefácios e a atenção redobrada aos comentários em nota de rodapé costumam contribuir bastante para o fiel estabelecimento dos vínculos ideológicos.

2. A Linguística alemã nos textos brasileiros novecentistas

A leitura dos textos gramaticais brasileiros do período científico[46] conduz-nos a uma inequívoca e expressiva presença dos principais teóricos da Linguística alemã. A influência doutrinária desses autores perpassa todos os setores da análise linguística, com natural ênfase naqueles a que as teses histórico-comparativas mais se detinham: a Fonologia, a Morfologia e a Sintaxe. Passemos a uma referência a cada um desses nomes.

---

[46] Sobre o período científico da gramaticografia brasileira, leia-se Fávero e Molina, 1996, Cavaliere, 2000 e Cavaliere, 2002.

2.1 Jacob Grimm (1785-1863)

João Ribeiro (1860-1934), no *Dicionário gramatical* (1889:44), tece juízo acerca da Lei de Grimm, denominando-a Lei de Rotação dos Sons, numa imagem deveras adequada à feição cíclica com que o fenômeno se opera na mudança fonológica das línguas antigas para as mais modernas. Busca, inclusive, ilustrar o fato mediante uma superposição de círculos concêntricos em que dispõe a ordem pela qual as consoantes variam, concluindo por atribuir ao citado princípio linguístico valor probatório do processo degenerativo que acomete as línguas.

A referência a Grimm impõe-se como obrigatória nos bons compêndios gramaticais como parâmetro da moderna Linguística comparativista que deu cunho aos estudos do século XIX. Sua doutrina, no entanto, não se aplica diretamente ao fato estudado, visto que bastante afastada da investigação vernácula, razão por que a referência a sua obra sempre se tece nos capítulos introdutórios, em que se procura inscrever a proposta de investigação vernácula no paradigma da Linguística histórico-comparativa europeia. Assim procede a maioria dos filólogos brasileiros, com especial incidência de seu nome nas páginas de Ernesto Carneiro Ribeiro (1839-1920; 1890:8), João Ribeiro (1889:44) e Manuel Pacheco da Silva Júnior (1842-1899; 1878:16).

2.2 Friedrich Max Müller (1823-1900)

Embora não façam referência direta à obra de Schleicher, os filólogos brasileiros, sobretudo Júlio Ribeiro (1845-1990), Maximino Maciel (1866-1923) e Ernesto Carneiro Ribeiro (1839-1920), ficaram encantados com a hipótese de inclusão da Linguística nos seio das denominadas ciências naturais. O contato teórico com o naturalismo linguístico, ao que consta, se fez pela leitura da obra de Max Müller, discípulo de Schleicher e ardoroso defensor de suas teses doutrinárias.

Ponto de referência constante em inúmeros setores da descrição gramatical, Max Müller situa-se entre aqueles doutrinadores de leitura obrigatória na virada do século XIX. Sua obra é lembrada com frequência expressiva, sempre no intuito de abonar conceitos linguísticos atinentes inclusive ao português e às demais línguas românicas. Cita-o, por exemplo, Júlio Ribeiro (1911 [¹1881]:10) no capítulo sobre fonética ao fazer menção à natureza das vogais e das consoantes e ao caráter infinito das nuances vocais, uma referência incipiente e precária do que mais tarde a Linguística estruturalista denominaria *alofone*. Também o cita Maximino Maciel (1889) ao tratar da definição de gramática geral, inspirando-se no clássico volume *La science du langage*. Os estudos de Max Müller na área da fonética e, sobretudo, da Morfologia, muito serviram como apoio doutrinário ao trabalho de Maciel.

O teórico alemão, porém, não gozou apenas de elogios no âmbito dos estudos linguísticos brasileiros. Pelo menos uma crítica severa pode obter-se nas páginas do texto *Um ensaio sobre phonetica differencial luso-castelhana*, de Antenor Nascentes (1919:44), em que o renomado filólogo brasileiro argui a viabilidade de se acatar a hipótese da "busca da eufonia" para explicar as alterações fonológicas que as língua sofrem ao longo do tempo.

Não obstante se possa asseverar que a obra de Max Müller segue a trilha da Linguística naturalista de Schleicher, consta que seus traços mais interessantes agasalham, na realidade, teorias diversificadas. Nas palavras de Jespersen (1860-1943; 1964 [¹1911]:72), as agradáveis digressões de Müller acerca da história das palavras assemelham-se a anedotas históricas em um compêndio sobre a evolução social. O comentário de Jespersen, na verdade, procura explicar a grande aceitação da obra de Max Müller, inclusive entre o público leigo, de tal sorte que veio a popularizar a Linguística em grande escala no final do século XIX.

Confere-se, igualmente, a Max Müller o mérito de haver desenvolvido uma teoria geral da linguagem com base nos estudos comparativistas sobre o indo-europeu, sobretudo no volume *Lectures on the science of grammar* (1862), sem dúvida seu trabalho mais famoso. Basta verificar que, havendo sido publicado inicialmente em 1861-1864, o volume alcançou sua 15.ª edição em 1891, agora denominado *The science of language*.

Outro fato que contribui para a extrema popularidade dos trabalhos de Max Müller diz respeito a seu reconhecido ecletismo. Na realidade, o interesse científico de Müller era amplo o suficiente para tratar de assuntos por vezes díspares, como a gramática do sânscrito e a astrologia, tipologia linguística e mitologia comparada. Em todas essas áreas de pesquisa tão diferenciadas, a palavra de Max Müller sempre tinha o peso da autoridade, de profunda credibilidade, razão por que sua imagem — não apenas entre os leitores leigos — era sempre associada ao saber dos grandes enciclopedistas, arrancando por vezes elogios até de seus mais célebres oponentes no campo da Linguística, como nessa declaração de William Whitney (1827-1894): "a man of (...) acknowledged ability and great learning" (*apud* Jankowsky, 1972:65).

2.3 Os neogramáticos

A referência aos neogramáticos na bibliografia linguística brasileira do período científico não é frequente. Nos primeiros anos do século XX, encontramos menção direta à doutrina dos neogramáticos apenas no volume *Dificuldades da língua portuguesa*, de Said Ali (1861-1953; 1966 [¹1908]), que utiliza os estudos sobre Psicologia em linguagem para apoiar boa parte de sua descrição sintática do português. Embora o texto de Said Ali tenha sido publicado na primeira década do século XX, evidencia-se que seu contato com as teses neogramáticas remonta ao século XIX.

A primeira referência aos neogramáticos, contudo, parece ser da lavra de João Ribeiro. Em 1889, demonstrando atualíssima leitura da doutrina estrangeira, Ribeiro traça juízo acerca do trabalho dos neogramáticos em seu *Dicionário grammatical*. Sobre o *princípio da analogia*, por exemplo, Ribeiro (1889:2) já adverte quanto ao perigo de seu uso indiscriminado, por ser "tão extensivo e intenso que os neo-grammaticos explicam, por elle, todas as excepções ás leis phoneticas das linguas". Também ao conceituar *ênfase*, como polo oposto à *degeneração* no processo de mudança linguística, Ribeiro (1889:11) remete diretamente aos neogramáticos: "Entre os neogrammaticos a emphase exprime o conjuncto de todas as tendencias de integração, isto é, todas as forças que se oppõem á degeneração das linguas". Adverte, ainda, João Ribeiro:

> Em resumo, o principal ponto em que se dividem as escolas consiste na consideração do elemento psychico que a nova escola [neogramática] dá como factor de grande preponderancia. D'ahi a necessidade de completar o antigo estudo da acção physiologica por um estudo complexo dos factores espirituaes, que agem decisivamente na linguagem. Como consequencia inevitavel do systema, ver-se-á

que em vez de preoccuparmo-nos com a lingua aryana primitiva, devemos exercer e applicar os methodos da sciencia sobre os monumentos que existem, actuaes, onde é fácil verificar-se e observar-se a dupla evolução material e espiritual das línguas (1889:322-3).

Fato inegável, contudo, constitui a absoluta desconsideração do movimento dos neogramáticos pela ampla maioria dos filólogos brasileiros. Dos gramáticos do final do século XIX, naturalmente, não se poderia esperar tal referência, já que o manifesto do grupo de Leipzig antecede apenas em alguns anos a edição da *Gramática portuguesa*, de Júlio Ribeiro. Os filólogos do século XX, contudo, já teriam tido a oportunidade de conhecer a teoria de Karl Brugmann (1849-1919) e Hermann Osthoff (1847-1909), de tal sorte que ao menos lhe dedicassem alguma referência. Poder-se-ia, em princípio, supor que, se não o fizeram, foi porque efetivamente não a conheceram ou porque a ela se opunham tão radicalmente que simplesmente lhe dedicavam o mais absoluto desdém.

A primeira hipótese é improvável, visto que ao menos os filólogos mais chegados a Said Ali e João Ribeiro certamente teriam deles recebido alguma notícia e mesmo alguma informação acadêmica acerca do trabalho desenvolvido pelos neogramáticos. Ademais, a tradução inglesa da obra de Hermann Paul (1846-1921), erigida sobre os pilares da escola dos neogramáticos, teve intensa ressonância no meio acadêmico brasileiro já nos primeiros anos do século XX. Acrescente-se que os vernaculistas europeus que serviam de fonte ordinária a nossos filólogos sempre fizeram ampla referência aos trabalhos de Brugmann, Osthoff e Berthold Delbrück (1842-1922), fato que só por si confiaria certa informação acerca dos novos rumos que os neogramáticos procuravam impor aos estudos linguísticos.

A segunda hipótese — de que a teoria dos neogramáticos não grassou entre os filólogos brasileiros — também não pode ser considerada em termos absolutos. Isso porque a herança que a nova escola recebeu das gerações anteriores, como o princípio das leis fonéticas e o da analogia (ou pseudoanalogia, como quer Brugmann) gozaram de total acolhida nas páginas brasileiras, sendo mesmo usados à farta nos estudos etimológicos do português. Por outro lado, uma vertente importante dos estudos neogramáticos não obteve no Brasil campo fértil de desenvolvimento: o estudo psicológico da linguagem, apenas desenvolvido, como já asseveramos, por Said Ali.

Sem dúvida, neste mister a obra dos neogramáticos não logrou encontrar eco na produção científica brasileira. Ora, é justamente nesta vertente que o paradigma dessa escola mais contribuiu para o progresso dos estudos linguísticos, razão por que não seria imprudente afirmar que o traço mais original do modelo neogramático pouco contribuiu na constituição do pensamento gramatical brasileiro.

Ocupemo-nos de breve referência individual a alguns dos linguistas alemães partícipes do movimento neogramático e à repercussão de seus estudos na Linguística brasileira.

2.3.1 Berthold Delbrück (1842-1922)

Berthold Delbrück integrou, juntamente com Karl Brugmann, August Leskien (1840-1916) e Hermann Osthoff o grupo original dos neogramáticos. Era, como os demais, um indo-europeísta cujo interesse pela história da língua também conduziu à análise das línguas modernas. A obra de Delbrück particulariza-se por desmoronar a tese de que os neogramáticos eram escravos da Fonologia, certamente por serem fonéticas as provas mais abundantes nas diversas obras e ensaios. Delbrück debruçou-se sobre as questões sintáticas em vários estudos, tendo arrancado, com seu *Vedic syntax*, elogios até de William Whitney, então considerado um *oustanding scholar* por toda a comunidade científica.

Em sua obra, Manuel Said Ali inspira-se na teoria sintática de Delbrück por mais de uma ocasião. Fá-lo, por exemplo, no estudo da proposição, em que se atesta a ocorrência de orações sem sujeito já no indo-germânico. Said Ali se apoia na opinião de Delbrück exposta na obra *Syntaktische Forschungen* (Delbrück e Windisch, 1878) para sustentar a tese da oração sem sujeito em português, tema, por sinal, que cativava especial atenção da gramaticologia no período científico (Said Ali, 1966 [[1]1908]:79):

> Em 1888 o notável professor de Iens B. Delbrück publicou o quinto volume das suas Investigações Sintáticas, em cujas primeiras páginas se ocupa com o estudo das formas mais rudimentares da proposição. Conhecedor profundo das línguas indo-européias em geral, e

especialmente do sânscrito e do grego, o eminente sábio, tratando daquela forma elementar em que a oração se reduz a verbo só, sem diferenciação dos dois têrmos que constituem o tipo mais perfeito da proposição, exprime-se desta maneira: Na minha opinião houve no indo-gemânico e há no índico-antigo expressões verbais que são realmente pensadas como destituídas de sujeito, isto é, que, segundo a intenção da pessoa que fala, nada mais exprimem do que fenômenos, e correspondem portanto a uma intuição na qual absolutamente não se procedeu a uma distinção entre o agente de um lado, e a ação do outro. O sufixo da terceira pessoa aparece nesses verbos, simplesmente porque a terceira pessoa, depois que a flexão se desenvolveu, tem sempre um sufixo. Pertencem êsses verbos na maior parte à esfera das intuições da natureza e das sensações.

A referência de Said Ali a Delbrück estende-se à obra que o mestre alemão publicou em parceria com Brugmann, *Grundriss der vergleichenden Grammatik der indogermanischen Sprachen*, cujo primeiro volume é de 1886. Trata-se, no dizer de Said Ali, de uma "obra colossal que veio dar nova orientação a tôda a lingüística" (1966 [¹1908]:79). Corroboram essa altiva avaliação as palavras do filólogo francês Victor Henry, também citado por Ali em nota de rodapé (1966 [¹1908]:79), que considerava o *Grundriss* tão importante na história da ciência linguística quanto a obra de Bopp e de Schleicher.

2.3.2 Karl Brugmann (1849-1919)

Membro proeminente do grupo de Leipzig, Karl Brugmann destacou-se, dentre outras facetas de sua obra, por dois aspectos notáveis: a vitalização dos estudos dialetais e o interesse pelo papel da Psicologia nos estudos linguísticos. Saliente-se, ademais, que Brugmann jamais se afastou da teoria leskieniana acerca das leis fonéticas e acreditava dever-se inscrever a Linguística no rol das ciências naturais. Na realidade, o trabalho de Brugmann pauta-se no aperfeiçoamento das teorias herdadas de grandes mestres da Linguística germânica, como Wilhelm Scherer (1841-1886), August Schleicher (1821-1868) e August Leskien (1840-1916). Daí haver asseverado Karl Vossler que Brugmann, assim como Osthoff, havia recebido o edifício já concluído, cabendo-lhe tão somente providenciar os acabamentos para concluir o prédio erigido por outros

linguistas (cf. Jankowsky, 1972:130). Considerando que a contribuição de Brugmann trouxe vertentes sequer aventadas por seus orientadores, como é o caso da hipótese mentalista na mudança linguística, diríamos, em contraponto à metáfora vossleriana, que o edifício vale tanto pela estrutura quanto pelo acabamento.
É frequente a citação de Brugmann nas *Dificuldades* de Said Ali em questões morfossintáticas. Citamos aqui o estudo sobre vozes verbais, com especial relevo para a gênese da voz medial analítica e da medial sintética no indo-europeu, cujos papéis seriam decisivos para a formação das vozes verbais nas línguas românicas. (Said Ali, 1966 [¹1908]:89).

2.3.3 Hermann Paul

Já tivemos mais de uma oportunidade de referirmo-nos a Hermann Paul e sua obra, razão por que aqui apenas mencionaremos a citação de que é objeto o grande mestre alemão nos compêndios filológicos brasileiros, a rigor na obra de Manuel Said Ali Ida. Cabe, preliminarmente, observar que a profícua aplicação dos princípios da Psicologia no estudo da história da língua, de que Paul foi um dos mais abalizados representantes, abriu sendas para que se fizesse o mesmo com respeito aos estudos sincrônicos. Isso, por sinal, se dá repetidamente na teoria sintática de Said Ali sobre a fraseologia do português.
Ao estudar a célebre questão do *se* em construções passivas, Said Ali, que relutava em aceitar em frases como *compra-se o palácio* que se atribuísse ao termo *palácio* a função de sujeito (Said Ali, 1966 [¹1908]:91), traça um interessante paralelo na análise da questão, num lado psicológico, noutro "gramatical". Assevera o mestre fluminense que a perspectiva puramente psicológica confere aos termos da oração um compromisso apenas com as ideias que simbolizam, razão por que, nessa linha de raciocínio, o *se*, mesmo sendo um clítico, exerceria a função de sujeito:

> E sempre de nôvo emerge, de entre as dúvidas, esta verdade incontestável: em *compra-se o palácio* e *morre-se de fome*, o pronome *se* sugere, na consciência de todo o mundo, a idéia de alguém que compra, de alguém que morre, mas que não conhecemos ou não queremos nomear" (Said Ali, 1966 [¹1908]:92).

Arremata Said Ali que "esta função psicológica de agente indeterminado é inegável na língua portuguesa, onde empregamos o pronome *se* junto de todo e qualquer verbo" (1966 [¹1908]:92).

Se, por outro lado, se atribuíssem à palavrinha apenas seus valores gramaticais, não caberia reconhecê-la como sujeito, já que sua condição de vocábulo enclítico e átono seria incompatível com semelhante função. Apoia-se Said Ali, neste passo, na teoria aventada por Hermann Paul nos *Prinzipien der Sprachgeschichte* (1920 [¹1880]) acerca da distinção entre *termos psicológicos* e *termos gramaticais*. Trata-se de ponto merecedor de atenção mais acurada em eventual trabalho sobre os estudos sintáticos na gramática científica brasileira; por ora, basta o exemplo para testemunhar a presença sólida da obra de Hermann Paul no pensamento sintático de Said Ali, fato que, por sinal, posteriormente viria a evidenciar-se bem mais no opúsculo *Meios de expressão e alterações semânticas* (1971 [¹1930]), uma obra pioneira no Brasil em matéria de semântica do texto.

2.4 Karl Vossler (1872-1949)

Karl Vossler foi um filólogo e crítico literário que se notabilizou nas correntes filosóficas da Linguística do século XIX. Seu nome hoje está definitivamente vinculado ao surgimento de uma vertente da Linguística contemporânea, a *neofilologia idealista*, cujas bases construiu na obra *Positivismus und Idealismus in der Sprachwissenschaft* (1904). O idealismo de Vossler afasta a teoria sobre as línguas dos cânones positivistas que vinham esculpindo uma Linguística documentada no texto, em que cada hipótese só alcançava credibilidade se alicerçada em comprovação material. Vossler enveda pela especulação sobre o organismo da língua sem preocupação logicista, antes alimentado pelo aguçado sentimento da língua, uma certa capacidade de investigar as ordens abstratas sem necessidade de apoiar-se no concreto.

A Linguística vossleriana fez escola, entre os brasileiros, na obra de João Ribeiro, sobretudo por seu caráter assistemático. A gramática de Ribeiro (1908), não obstante rica em grandes mergulhos temáticos, não traz aquela exposição organizada dos pontos, criteriosamente distribuídos nas partes da gramática, que caracteriza, por exemplo, os volumes de Pacheco Junior, Said Ali e, sobretudo,

Maximino Maciel, este verdadeiro seguidor da Linguística naturalista schleicheriana. João Ribeiro, contudo, supre a falha organizacional de sua gramática com a fertilíssima discussão de temas selecionados a gosto. Aí reside a perspectiva vossleriana de sobrepor a indagação à descrição, de mais valorizar a investigação do que a comprovação científica.

Mas é nas *Frases feitas* (1908) e nas *Curiosidades verbais* (1927) que João Ribeiro põe em prática com maior eficiência aquele traço da imaginação, do sentimento interno, da intuição que tanto marcam a Linguística de Vossler. Nas páginas das *Curiosidades* a retórica fértil em argumentos supre a ausência da farta documentação probatória que certamente preocuparia bem mais a um Maximino Maciel ou a um Mário Barreto (1879-1931). Enquanto nesse último a ratificação textual parece valer mais do que a própria descrição do fato, em Ribeiro mais vale a teia argumentativa tão própria de quem, como assevera Mattoso Camara em rara imagem, "avança pela filologia com a imaginação de D. Quixote, sem atender aos cautelosos Sanchos Panças de espírito neogramático" (Camara Jr., 1972:175).

2.5 Wilhelm von Humboldt (1767-1835)

Considerado um dos maiores pensadores da ciência linguística, Humboldt soube bem aproveitar sua longevidade para destacar-se em várias áreas da atividade intelectual, inclusive a política. Seu conhecimento abalizado de inúmeras línguas antigas e modernas conferiu-lhe capacitação para discorrer com fluência acerca de questões filológicas e etnográficas. Humboldt desenvolveu uma filosofia linguística de considerável hermetismo, "da qual não se pode oferecer uma ideia sucinta", nas palavras de Jespersen, mas que floresceu na obra de inúmeros seguidores, discípulos, entre eles Hermann Steinthal (1823-1899), um dos próceres do estudo psicológico da linguagem no século passado.

Segundo Humboldt, a linguagem não pode ser estudada enquanto objeto científico ou como algo que já tenha forma definida; em sua concepção teórica, a linguagem é um processo — linguagem é ação — razão por que só pode ser avaliada quando em uso. Como assevera Jespersen, tal conceito mais se assemelha à definição de cada ato de fala individual, mas na realidade, confere à linguagem a feição de um processo contínuo e incessante de atos de fala (Jespersen, 1964 [1911]:56).

A máxima humboldtiana que mais se consolidou na Linguística moderna é a de que "nada em linguagem é estático, tudo é dinâmico" (1907:146)[47]. Cada língua, mesmo o mais remoto dialeto de uma tribo afastada, deve ser entendida como uma unidade orgânica diferente das demais, a qual expressa as características particulares dos seus falantes nativos. Humboldt, em outros termos, vincula o sistema linguístico ao mecanismo mental do homem, numa relação de interinfluência, de tal sorte que a língua passa a ser reflexo de um caráter coletivo, comum a todos os membros de determinado povo. Vislumbra-se aqui o alvorecer da *Volkerpsicologie*, que viria a permear a obra de Steinhal e Wundt.

Humboldt também em muito contribuiu para o estudo tipológico das línguas, cujos fundamentos, excessivamente complexos, não podem ser avaliados neste trabalho. A obra de Humboldt nesta área oferece controvérsias, a que não escapam inclusive interpretações diametralmente opostas do mesmo fato descrito. No ensaio *Sobre a tipologia linguística de Wilhelm von Humboldt*, Eugenio Coseriu (1921-2002; 1973) trata pormenorizadamente das aludidas controvérsias e estabelece, em definitivo, os exatos parâmetros da proposta de classificação da línguas erigida pelo mestre alemão.

Os textos do período científico traçam referência singela ao trabalho de Humboldt, não obstante a magnificência de sua volumosa obra. Na *Grammmatica descriptiva*, de Maximino Maciel, o filólogo sergipano, em célere referência, busca amparo no mestre alemão para desincumbir-se da sempre problemática definição de sílaba (Maciel, 1922 [¹1894]): "A syllaba, diz Humboldt, constitue por si unidade de som". Maciel sequer oferece a fonte onde colheu a definição utilizada, fato raro em sua riquíssima referência bibliográfica. Ernesto Carneiro Ribeiro, por sua vez, oferece um pequeno trecho de Humboldt na obra *Origem e filiação da língua portuguesa* (Ribeiro, 1958 [1865]:89):

> Não devemos considerar uma lingua, diz G. de Humboldt, como um producto morto; é um ser vivo e sempre creador. O pensamento humano se elabora com os progressos da intelligencia, e é a lingua a manifestação desse pensamento. Um idioma não pode, pois,

---
[47] No original, "nichts in ihr ist statisch, alles dynamisch".

ficar estacionario: caminha, desenvolve-se, cresce, fortifica-se, envelhece e definha.

Como se percebe, a referência de Carneiro Ribeiro se faz no nível conceitual, ao passo que a rápida referência de Maciel atinge um fato material. Em ambas, porém, a participação do mestre alemão é apenas pontual, na forma de apoio autorizado para o alinhavar de uma tese. Nota-se, portanto, que a presença de Humboldt em nossa produção linguística no período científico não vai além de breves referências isoladas, a despeito da grande influência que o teórico alemão exerceu na formação do pensamento linguístico na virada do século XIX. Explica-se, em certa medida, o fato em face do caráter predominantemente filosófico da obra humboldtiana, de certa forma distanciado das discussões vernáculas mais ordinárias.

2.6 Friedrich Diez (1794-1876)

Friedrich Diez exerceu especial influência no pensamento gramatical brasileiro por se identificar mais especificamente com o estudo das línguas românicas. Diez é, por sinal, frequentemente referido como o fundador da Filologia Românica, entendida como aquela vertente dos estudos sobre a linguagem que utiliza o método comparativo, numa perspectiva histórico-etimológica, para estabelecer identidades e confrontos entre as línguas românicas.

Na verdade, Friedrich Diez abriu campo fértil de pesquisa sobre a evolução interna do latim e sua mudança resultante nas línguas românicas, por levar em conta um fator externo: o de que a busca das raízes linguísticas no latim clássico enveredava por um grande equívoco histórico-social, já que a análise dos fatos históricos ligados ao surgimento das línguas românicas apontava exatamente para uma origem vulgar. Firme nessa nova abordagem, Diez defendia o uso do método comparativo recém-criado por Bopp e Grimm para investigar a origem das línguas românicas não nos textos clássicos, cujas formas linguísticas por vezes em muito se distanciavam das formas românicas, mas nas fontes do *sermo vulgaris*, da língua popular em suas numerosas variáveis diatópicas.

Neste mister, reconhece-se em Diez a valorização dos textos não apenas como expressão material de determinada língua, mas como etapas de um complexo desenvolvimento cultural. Seu trabalho na gramática comparada, portanto, consistia sobretudo em demonstrar que os traços latinos presentes nas línguas românicas se deviam a uma vertente vulgar do latim, afastada do latim literário.

Nas palavras de Jespersen, Diez "liderou uma escola de estudos românicos profícua e promissora", cujas obras *Grammatik der romanischen Sprachen* (3 vols., 1836-1838, 1876-1877) e *Etymologisches Wörterbuch der romanischen Sprachen* (1853) "talvez fossem os melhores volumes propedêuticos ao estudo metódico da Linguística à disposição do público interessado" (Jespersen, 1964 [¹1911]:85).[48]

Naturalmente, a obra de Diez ganhou foros mais elevados entre os pesquisadores das línguas românicas — sobretudo os filólogos franceses, italianos, espanhóis e portugueses — do que entre os germanistas, não obstante os estreitos laços que ligaram o mestre da romanística a Schleicher. No Brasil foi acolhida pacificamente sua tese de que as línguas românicas derivavam do latim — e não de uma hipotética língua autóctone ibérica —, bem como de que o português não poderia ser considerado um dialeto do espanhol (cf. Nascentes, 1919).

Júlio Ribeiro (1881:11), traça sucinto comentário sobre a presença de consoantes dentais africadas não só no interior de São Paulo — "os caipiras de S. Paulo pronunciam **dj**ent, **dj**ogo. Os mesmos e também os Minhotos e Transmontanos dizem tchapeo, tchave". Sobre o fato, conduz-nos à opinião de Diez (1874:358-60) que asseverava serem as africadas "formas primitivas do *je* e *che*", fato hoje absolutamente ratificado. Utiliza Ribeiro o método consagrado por Diez para provar a tese, traçando um rápido painel da presença das africadas em todas as línguas neolatinas, em textos latinos do século XII, sem deixar de referir-se à presença dos sons no sistema atual do inglês por influência do francês. Temos, pois, neste passo exemplo significativo de como o método comparativo desenvolvido por Diez no âmbito da Romanística chegou até nossos compêndios gramaticais.

As teses de Diez também são acolhidas na área fonológica. Júlio Ribeiro, que não considera a existência de tritongos em português, traça, não obstante, breve referência à opinião de Diez, amparada em Francisco Solano Constancio (1777-1846), que assegura na Introdução Gramatical de seu *Novo dicionário crítico e etimológico*

---

[48] No original, "were perhaps the best introduction to the methodical study of linguistics that anyone could desire".

da língua portuguesa (1873[¹1836]: XIII)[49] a existência de tritongos portugueses nas formas *iguais, averiguais* e *averigueis*. Igualmente amparado pela autoridade do linguista alemão, Maximino Maciel, apesar da resistência generalizada entre os gramáticos contemporâneos, não hesita em incluir o tritongo entre os *grupos fonéticos* do português, como se lê abaixo (Maciel, 1922 [¹1894]:15):

> Grammaticos ha que, em desaccordo flagrante com os factos e a abalisada opinião do eminente philologo Frederico Diez, não querem admittir a triphtongação na lingua vernacula, talvez levados por má observação dos nossos phenomenos de vocalização ou por haver apenas um numero limitadissimo de triphtongos.

Já em seus estudos sobre sintaxe portuguesa, Manuel Said Ali por mais de uma vez recorre às lições de Diez para elucidar teses e fatos. Fá-lo, por exemplo, ao comentar nas *Dificuldades* o caráter peculiar do infinitivo flexionado em português, quando atribui ao mestre da Romanística a observação de que muitos poetas portugueses que escreveram obras em espanhol cometeram o erro de empregar o infinitivo flexionado nesta língua, como se nela existisse.

Em outro momento, ainda tratando do infinitivo, Said Ali não poupa elogios ao saber filológico de Diez, que tem "a grande qualidade de não ser contraditório e difuso. Suas proposições são despretensiosas e a posteriori; representam a síntese de observações feitas em um material lingüístico considerável" (1966 [¹1908]:75).

O interesse de Diez pelo infinitivo português, por sinal, gerou polêmica entre os que se dedicavam ao tema com especial atenção. Rui Barbosa, em uma passagem da *Réplica*, ataca a posição de Diez contrária à flexão do infinitivo em construções perifrásticas cujo sujeito do verbo auxiliar é o mesmo sujeito do verbo principal. Na realidade, Rui Barbosa, aproveita um trecho da *Grammaire des langues romaines*, em que Diez assegura ser o infinitivo invariável quando depende de auxiliares modais, para descarregar sua munição sobre o romanista, incumbindo-se, para tanto, de citar alguns exemplos de construções perifrásticas com auxiliar modal em que o infinitivo se flexionava — *vão correrem, podem saírem, busquem fugirem* — já que "não faltam, entre os velhos mestres, solenes exemplos do infinitivo conjugado nesses casos" (Barbosa, 1902:340).

---
[49] Citamos na bibliografia a 12.ª edição, de 1884.

A resposta de Diez sai pela pena de Said Ali, que revela ter o próprio mestre alemão admitido, na parte final do trecho citado por Rui, que alguns escritores flexionavam o infinitivo arbitrariamente. Segundo Ali, Rui teria maldosamente omitido esse apêndice final, dando uma feição peremptória à tese, a fim de denegrir o saber filológico de Diez perante a comunidade científica brasileira. Arguto, Said Ali também faz observar que Rui Barbosa cita exemplos sem oferecer as fontes — "Quais são os antecedentes clássicos que autorizam *vão correrem, podem saírem, queiram entrarem*? Onde é que Rui Barbosa viu isso?" (1966 [¹1908]:76)[50] — dando a entender que o objetivo do eminente publicista e jurista brasileiro não ia além da promoção pessoal, que vislumbrou auferir mediante demérito de uma sumidade da filologia europeia.

2.7 Georg von der Gabelentz (1840-1893)

A figura de Gabelentz inscreve-se com justeza dentre os linguistas notáveis do final do século XIX. Refere-se Otto Jespersen (1964 [¹1911]:98) ao trabalho de Gabelentz como verdadeiramente brilhante no campo da Linguística Geral. O próprio Jespersen adverte, entrementes, que a Linguística de Gabelentz não exerceu influência entre seus contemporâneos como o fizeram as obras das gerações anteriores.

À semelhança de Wundt e Steinthal, Gabelentz desenvolveu um teoria acerca do papel da Psicologia na história da língua. Ocorre que, num confronto com Wundt, por exemplo, Gabelentz ganha em credibilidade porque, a par do conhecimento profundo da Psicologia Social, sua formação em Filologia e Ciência Linguística é bastante sólida. Jespersen, por exemplo, não hesita em dizer que a influência legada por Gabelentz é mais importante em sua formação linguística do que a de Wundt, este mais um psicólogo do que propriamente um linguista, cujas páginas parecem bem mais ricas em palavras do que em ideias férteis (cf. Jespersen, 1964 [¹1911]).

No Brasil, os estudos de sintaxe psicológica em Said Ali traçam breve referência à obra de Gabelentz — *Die Sprachwissenschaft, ihre Aufgaben, Methoden und bisherigen Ergebnisse* (1891) — dela servin-

---

[50] Os exemplos de Rui Barbosa são de Bernadim Ribeiro e Filinto Elísio, entre outros. Trata-se, evidentemente, de trechos avulsos, cuja existência não é suficiente para configurar uma flexão regular do infinitivo nas perífrases verbais portuguesas.

do-se para diferenciar *termos psicológicos* de *termos sintáticos*, uma corroboração das teses de Hermann Paul aqui referidas. A questão repousa, sobretudo, no sujeito de orações com *haver* existencial, que a análise sintática considera inexistente e a análise psicológica vislumbra presente na "ideia", naquilo que está no espírito e a respeito de que se quer comunicar alguma coisa. A hipótese dos termos psicológicos está presente em toda a descrição sintática do português feita por Said Ali; no caso das orações existenciais, faz observar o ilustre germanista que, em construções do tipo "Há homens", a proposição tem efetivamente os dois termos sujeito e predicado, já que encerra a noção de existir e a noção de *ente*, de pessoa ou coisa que existe. No caso de verbos impessoais que traduzem fenômenos da natureza, Said Ali, ainda acompanhando a análise psicológica de Gabelentz, assevera estar-se em fase mais elementar, em que o espírito não procede à diferenciação entre sujeito e predicado.

Essa breve remissão da Linguística alemã nas páginas gramaticais brasileiras do período científico bem demonstra a importância que se deve conferir ao fluxo de influência teórica germânica na construção do pensamento linguístico no Brasil. A força dessa influência decerto mitigou a partir dos anos 1940, sobretudo com a entrada do modelo estruturalista e, posteriormente, do modelo gerativista no âmbito da pesquisa universitária, época em que os modelos da Linguística norte-americana passam a cativar com maior ênfase o interesse do pesquisador brasileiro em sua atividade científica.

Sobre a Influência Francesa na Gramaticografia Brasileira do Século XIX: Michel Bréal, Arsène Darmesteter, Émile Littré e Gaston Paris.

Este trabalho busca avaliar a influência doutrinária de estudiosos franceses na formação do pensamento linguístico brasileiro novecentista. Dado o grande número de gramáticos franceses citados nas páginas dos principais textos linguísticos da época e considerando as naturais limitações que se impõem à extensão deste estudo, optamos por selecionar quatro desses nomes, tendo em vista sua maior presença não só na referência bibliográfica oferecida pelos intelectuais brasileiros, como também por sua especial relevância no panorama da gramaticografia francesa do século XIX. Cuidaremos, pois, diretamente da influência teorética que nos legaram Michel Bréal, Arsène Darmesteter, Émile Littré e Gaston Paris. Outros nomes de menor envergadura, do ponto de vista historiográfico, não obstante frequentes nas páginas gramaticais escritas no Brasil novecentista, decerto merecerão referência em estudo mais extenso, dentre eles Mathias-Marie Duval (1844-1907), Joseph Ernest Renan (1823-1892), Eugène Burnouf (1801-1852), Louis Ferdinand Alfred Maury (1817-1892), August Brachet (1845-1898), León Cledat (1851-1930), Émile-Louis Burnouf (1821-1907) entre outros.

1. A influência doutrinária

Uma das tarefas indispensáveis na pesquisa sobre a construção do pensamento linguístico e sua repercussão em outros campos da atividade intelectual diz respeito à delicada questão da influência doutrinária[51], bem como do denominado *horizon de rétrospection*[52],

---

[51] Sobre o tema, leia-se (Koerner, 1989a), (Koerner, 1989b), (Koerner, 1995), (Bell, 1975).

[52] Na elucidativa definição de Colombat, o *horizon de rétrospection* "recouvre l'ensemble des connaissances préalables reconnues, assumées ou même refusées par un auteur x à un moment x de l'histoire (2007:90).

que, como nos ensina Pierre Swiggers (2013:48), integra necessariamente a linha de desenvolvimento da investigação historiográfica atinente às relações com o tempo. Em princípio, a percepção desse fenômeno epistemológico nas obras linguísticas — e, por extensão, nas obras científicas em geral — pode revelar-se em duas dimensões: a da referência expressa, em que o autor do texto cuida de informar ao leitor consulente que lançou mão das ideias residentes em texto de outra autoria, e a influência implícita, que se abstrai da pesquisa sobre a episteme em que se inscreve o texto analisado. Nesse último viés, a percepção da influência resulta de um natural e necessário contato ideológico que permeia todas as pessoas dedicadas à atividade científica em dado período da história da ciência.

Um exemplo de influência implícita, reiteradamente referido nos estudos historiográficos, está na presença do conceito de *fait social*, conforme o idealizou Émile Durkheim (1858-1917), na edificação do conceito de *langue* na obra de Ferdinand de Saussure (1857-1913). Não se encontrou até hoje qualquer evidência material de que o linguista suíço tenha-se inspirado nas ideias do mestre francês, mas, conforme observa Konrad Koerner (1997) "seria difícil defender a tese de que Saussure desconhecesse completamente as ideias sobre Sociologia que circulavam nos jornais, revistas e livros destinados ao público escolarizado de seu tempo"[53].

Na investigação historiográfica, podem-se levantar indícios de influência doutrinária na própria história da formação intelectual do autor, aí incluídas as orientações e hábitos familiares. Nesse sentido, as fontes epistolares, as anotações particulares e as próprias relações de amizade podem constituir precioso material para se estabelecerem as vinculações ideológicas entre o autor e seus ideólogos, seja no campo restrito da Linguística, seja em mais ampla dimensão. No panorama da Linguística brasileira, por exemplo, tem-se hoje ciência da importância de Manuel Said Ali (1861-1953) na formação de Evanildo Bechara, fato que se atribui ordinariamente — e equivocadamente — ao contato de Bechara com a obra filológica do emérito germanista fluminense. Na verdade, a presença de Said Ali na edificação do pensamento linguístico em Bechara começa a ganhar contornos decisivos logo no início

---

[53] No original "it would be difficult to argue that Saussure was completely unfamiliar with ideas about sociology which were traded in newspapers, magazines, and books addressing the educated public of his time".

de uma relação pessoal em que um jovem estudante, ainda saindo da adolescência, mantinha estreito vínculo com o mestre consagrado, dotado de forte personalidade e profundo saber filológico.

2. Tese doutrinária e fonte bibliográfica

Nem sempre a fonte bibliográfica direta, da qual o linguista absorve teses doutrinárias, é a de caráter primário, ou seja, a obra original em que o ideário científico foi inicialmente divulgado. Não raro, sobretudo quando nos referimos ao contato científico entre o Brasil e os países mais avançados na pesquisa linguística novecentista, a fonte bibliográfica inspiradora dos textos brasileiros é de caráter secundário.

Com efeito, a fonte bibliográfica, ou seja, a obra aonde vai o pesquisador recolher a informação científica e os modelos teóricos, não são necessariamente os textos escritos pelos ideólogos dessas teses. A bem da verdade, essas informações chegam-nos na maioria das vezes mediante compêndios de linguística geral, escritos para expor de modo sistemático e didático todas os aspectos e nuances das escolas científicas, de que resulta, por exemplo, conhecermos as ideias de Franz Bopp (1791-1867) e Jacob Grimm (1785-1863) não pela consulta direta de seus textos, mas pela leitura de trabalhos que lhes fazem referência, com acurada descrição e amplo comentário de seus princípios.

Por vezes, esta intermediação cabe aos próprios vernaculistas, na medida em que, ao aplicarem em suas obras descritivas teses de dado modelo de investigação da língua, também atuam como propagadores destas teses, com o trunfo adicional de comprovarem sua aplicabilidade ao fato concreto, às estruturas gramaticais de uma certa língua ou de várias línguas em conjunto, como fizeram os gramáticos comparativistas do século XIX. Assim, o que se vê aqui é uma fonte bibliográfica que, embora não tenha o objetivo primacial de divulgar a tese doutrinária, acaba por indiretamente cumprir tal função. Em última análise, a fonte bibliográfica que divulga mais eficientemente dada tese doutrinária nem sempre é o texto original escrito pelo linguista doutrinador.

No Brasil do século XIX, época em que os modelos teóricos usados para descrição do português chegavam das escolas europeias, como já fizemos observar, a questão se abre de modo bastante claro: embora a doutrina agasalhada seja dos nomes mais proeminentes da teoria linguística alemã, como Bopp, Grimm, Schleicher, Friedrich Diez (1794-1876), a par de outros notáveis teóricos da linguística francesa, como Michel Bréal (1832-1915) e Arsène Darmesteter (1846-1888), as fontes bibliográficas presentes nas gramáticas descritivas são, em sua maioria, textos vernáculos de língua inglesa e francesa. Em outras palavras, a leitura direta era a dos compêndios gramaticais, como os de Charles Peter Mason (1820-1900), Alexander Bain (1818-1903), Gaston Paris (1839-1903), Cyprien Ayer (1825-1884)[54], ente outros, não obstante o que deles se absorvia fosse, na realidade, os conceitos de Linguística Geral lá imanentes.

Dois fatores que podem explicar a preferência dos autores brasileiros pela leitura de gramática inglesas e francesas. O primeiro deles, recai sobre a dificuldade que enfrentava a maioria de nossos gramáticos para ler textos em alemão, justamente a língua original dos doutrinadores mais expressivos. Tal fato só não se agravava demasiadamente devido à razoável disponibilidade de textos traduzidos para o inglês ou para o francês, línguas com que a comunidade acadêmica estava mais afeita e familiarizada. Uma outra explicação reside na maior facilidade que se confere ao pesquisador quando absorve a tese doutrinária já aplicada a um dado sistema linguístico, de que resulta significativa economia para o desenvolvimento do trabalho na descrição em outra língua, sobretudo se cognata. Um exemplo cabal encontramos na referência que Maximino Maciel (1866-1923; 1922:110) faz à hipótese de classificação das palavras em nocionais e relacionais — que, por sinal, considerava ultrapassada —, a qual, originalmente proposta por Mason, é citada pelo filólogo brasileiro através das páginas da *Grammaire Supérieure* de Larousse.

Ocupa-nos especificamente, neste estudo, a influência doutrinária que a Linguística francesa exerceu sobre os estudos linguísticos brasileiros do século XIX. Cumpre, inicialmente, observar que a Linguística brasileira novecentista percorre dois períodos bem definidos do ponto de vista teórico: o *período racionalista*, que se inicia com a publicação do *Epítome de gramática da língua portuguesa*, de Antônio Morais Silva (1755-1824), em 1806, e segue até 1881, com a publicação da *Gramática portuguesa*, de Júlio

---

[54] Sobre a obra de Cyprien Ayer, leia Fryba-Reber e Swiggers eds. (2013).

Ribeiro (1845-1890), e o *período científico*, que parte de 1881 até 1941, quando Joaquim Mattoso Camara Jr. (1904-1970) publica seus *Princípios de linguística geral* (cf. Cavaliere, 2002). O primeiro período caracteriza-se pela aplicação das teses racionalistas da *Gramática de Port-Royal*, difundidas no Brasil, no âmbito dos estudos sobre o português, principalmente pela *Gramática filosófica da língua portuguesa*, de Jerônimo Soares Barbosa (1737-1816; 2004 [1822]). O segundo período se eleva sob os pilares da gramática histórico-comparativa, em que se multiplicam as fontes teóricas que influenciam os rumos da linguística nos meios acadêmicos brasileiros. Passemos a um relato específico sobre os linguistas franceses que atuam como fontes de influência de autores brasileiros desse segundo período, com um breve levantamento de sua referência nas páginas de nossa principais obras gramaticais.

2.1 Michel Bréal (1832-1915)

Se Franz Bopp é considerado o fundador da gramática histórico-comparativa, Michel Jules Alfred Bréal, seu tradutor para o francês, decerto terá contribuído bastante para difundir as teses desse modelo teórico nos domínios da romanística. Não obstante, Bréal não se prendeu a essa escola linguística, havendo preferido servir-se de uma leitura diversificada de hipóteses teóricas no intuito de melhor investigar os fatos gramaticais do francês, principalmente, e das demais línguas românicas. No texto *Les lois intellectuelles du langage* (1883), chegou a filiar-se às teses neogramáticas acerca das *Lautgesetze*[55]. Bréal estabeleceu, ainda, um inusitado relacionamento entre o conteúdo dos *Prinzipien der Sprachgeschichte* (1880), de Hermann Paul (1846-1921), e a proposta de estudo semântico desenvolvida por Arsène Darmesteter na obra *La vie des mots étudiés dans leurs significations* (1887), com vistas a um esboço dos fundamentos da semântica linguística, cujo resultado não atingiu o fim pretendido[56].

---

[55] Salienta, a respeito, Kurt Jankowsky (1972:182) que Bréal só admitia a inscrição da linguística no campo das ciências exatas mediante acatamento das leis fonéticas como um fato incontroverso.

[56] A rigor, a relação estabelecida por Bréal entre Hermann Paul e Arsène Darmesteter é indevida, visto que na obra de Paul a semântica ocupa lugar secundário, apenas referida na medida em que se busca provar que a mudança fonética pode ou não acompanhar-se de mudança no significado da palavra.

No Brasil, o interesse pelo estudo do significado aumenta consideravelmente nos últimos dois decênios do século XIX e será nesse campo dos estudos linguísticos que o nome de Michel Bréal recebe maior referência. Entre os gramáticos brasileiros confere-se a Bréal o reconhecimento de haver popularizado o termo *semântica*, que mais tarde, viria a denominar uma das partes da moderna gramática de língua vernácula. Convém alertar, entretanto, que ao menos um gramático brasileiro, o sergipano Maximino Maciel, cita não a Bréal, porém a Darmesteter, conforme veremos adiante.

O texto de Bréal *Essai de sémantique* (1897) é considerado, na linguística novecentista, a obra fundadora dos estudos sobre o significado. No Brasil, entretanto, o gramático Manuel Pacheco da Silva Júnior (1842-1899), natural do Rio de Janeiro, assevera no prefácio de seu *Noções de semântica*, publicado postumamente, que, ao tomar ciência do *Essai de sémantique*, já havia escrito sua obra (1903:7):

> Quando nos veio às mãos o livro *Essai de sémantique* do professor Bréal, já estava escrito o pequeno trabalho que ora damos à publicidade.
>
> As causas das transformações dos sentidos por nós já apresentados na Gramática Histórica (1894) — posto que muito em suma —, são as mesmas leis indicadas pelo notável glotólogo. Mas excusado era acrescentar, muito nos aproveitamos do trabalho do mestre, que nos obrigou a modificar não nos conceitos, que há muito eram nossos também em sua maioria, mas na compostura, isto é, na ordem do contexto.[57]

Com efeito, é recorrente a referência a Bréal no curso das *Noções de semântica*. Em uma das passagens mais interessantes, Pacheco da Silva Júnior faz observar a importância da sinonímia para o estudo semântico das palavras, tendo em vista as divergências de sentido que os termos podem assumir no decurso do tempo. E numa observação paralela, de caráter sociolinguístico, Pacheco recorre a Bréal para afirmar que "pela sinonímia reconhece-se de quais objetos mais se ocupou o pensamento de uma nação" (1903:

---

[57] Optamos por atualizar a ortografia das citações, sem prejuízo das demais características linguísticas.

53)[58]. Cumpre atestar, em verdade, que entre os filólogos brasileiros do período científico o nome de Michel Bréal é sempre reverenciado como uma das sumidades da linguística europeia. Do ponto de vista doutrinário, Bréal aufere entre os gramáticos brasileiros conceito mais elevado do que os próprios linguistas cujas obras lhe serviram de modelo teórico. As ideias semânticas de Darmesteter, por exemplo, estão nos trabalhos escritos no Brasil novecentista, mas não com a força inspiradora da ideias de Bréal. Diga-se o mesmo quanto à teoria morfológica e lexical.

É essa aura de excelência que remete Júlio Ribeiro às lições de Bréal em seu livro *Mélanges de mythologie et de linguistique* (1877) no intuito de caracterizar o infinitivo e o particípio como formas nominais do verbo, não como "modos verbais". Com efeito, certa linha de interpretação do paradigma verbal no século XIX atribuía ao particípio e ao infinitivo exclusivo valor verbal, ao passo que linha antagônica conferia-lhes valor nominal. Ao defender a segunda hipótese, de cunho inovador, à época, já que a análise do verbo nas gramáticas filosóficas do período racionalista não cuidava dos valores que as formas verbais assumiam no corpo da frase, Júlio Ribeiro situa-se: "O infinitivo e o particípio são antes formas nominais do verbo do que modos: o infinitivo representa o substantivo; o particípio, o adjetivo" (Ribeiro, 1911 [[1]1881]:78).

Outras referências relevantes à obra de Michel Bréal encontramos no texto *Dificuldades da língua portuguesa* (1966 [[1]1908]), de Manuel Said Ali (1861-1953), em cujas digressões morfossintáticas por várias vezes o nome do linguista francês é lembrado. Ao comentar o processo de mudança sintática de que as línguas são objeto no decurso do tempo, Said Ali recomenda: "Leia-se o que Bréal, no seu excelente livro *Sémantique*, escreve sobre as aquisições novas e sobre as formas superabundantes produzidas pelo mecanismo gramatical" (1966 [[1]1908]:29). Será também nas páginas do *Essai de sémantique* que Said encontrará amparo para sua teoria sintática acerca das construções com *se* indeterminador do sujeito, especialmente no capítulo *L'ordre des mots*, com especial alusão ao fato de que a função de uma palavra pode alterar-se de acordo com sua posição dentro da sentença (1966 [[1]1908]:93):

---

[58] No texto de Bréal, "A la synonymie on reconnaît de quels objets la pensée d'une nation s'est surtout préoccupé."

A construção muitas vezes decide do sentido dos vocábulos. Na frase: "Os japoneses derrotaram os Russos", a simples colocação indica qual o sujeito e qual o objeto. Inverta-se a ordem conservando-se as palavras, e obter-se-á o sentido contrário. Veja-se o cap. "L'ordre des Mots" em Bréal, Sémantique.

Um outro passo de Said Ali, em que o gramático do Rio de Janeiro cuida da indigesta análise do pronome *se* em construções de vozes ativa, passiva e reflexiva, segue pelas sendas de Michel Bréal. Said Ali justifica o emprego do *se* como índice de indeterminação do sujeito (e não como pronome apassivador) em construções do tipo "vende-se esta casa" da seguinte forma: em dado momento da história da língua, as ações praticadas por seres humanos não podiam ser enunciadas pela linguagem sem a indicação do agente. Era como se desconhecesse as construções em que não houvesse sujeito agente. Se o agente humano era desconhecido ou não convinha mencioná-lo, o falante personalizava o objeto, se fosse esse um ser inanimado, de tal modo que ele praticasse a ação sobre si mesmo. Se uma casa devia ser vendida, dizia-se "esta casa vende-se a si própria". Com o tempo, essa construção em voz reflexiva passou a sugerir a ideia de um agente indeterminado, de que decorreu a passagem do sujeito à posição de objeto: "vende-se esta casa".

Para dar sustento a sua tese, Said Ali remete o leitor à concepção de Michel Bréal sobre o surgimento da voz passiva como uma natural evolução da voz reflexiva (1966 [1908]:94-95):

> Bréal explica aquela primitiva fase, em que ainda se desconhecia a voz passiva, deste modo: As línguas indo-europeias apresentavam a frase sob a forma de um pequeno drama em que o sujeito é sempre agente. Ainda hoje, fiéis a esse plano, elas dizem: "O vento agita as árvores... O fumo sobe ao céu... Uma superfície polida reflete a luz...A cólera cega o espírito... O tempo passa depressa...", etc. Cada uma dessas proposições contém o enunciado de um ato atribuído ao sujeito da frase. [59]

---

[59] Assim em Bréal: (...) les langues indo-européennes présentant la phrase sous la forme d'un petit drame où le sujet est toujours agissant. Aujourd'hui encore, fidèles à ce plan, elles dissent : "Le vent agite les arbres.... La fumée monte au ciel.... Une surface polie réfléchit la lumière.... La colère aveugle l'esprit.... Le temps passe vite.... Il fait nuit.... Deux et deux font quatre...." Chacune de ces propositions contient l'énoncé d'un acte attribué au sujet de la phrase.

Como se percebe, a contribuição de Michel Bréal para a Linguística brasileira percorre várias vias da descrição linguística, de que decorre atribuir-lhe posição de destaque entre as principais influências teóricas no Brasil.

2.2 Arsène Darmesteter (1846-1888)

Pode-se asseverar sem reservas que o filólogo francês Arsène Darmesteter figura entre os que mais influenciaram o pensamento gramatical brasileiro dos Oitocentos. Embora não se lhe possa reconhecer como um dos próceres linguística europeia do século XIX, Darmesteter teve o mérito de atingir com rara felicidade o objetivo dual de conjugar o linguístico com o pedagógico, fato que transformou seu trabalho na fonte ideal para os filólogos do novo mundo, sedentos de aplicação das novas ideias linguísticas ao ensino da língua vernácula.

Darmesteter ganhou celebridade precoce com a publicação do *Traité de la formation des mots composés dans la langue française* (1894 [1873]), mas seu trabalho de maior destaque, profusamente citado em toda a romanística da época e até hoje justificadamente cultuado, é o opúsculo *La vie des mots* (1887), trazido a lume já no ocaso de sua curta existência. Também publicou em coautoria com Adolphe Hatzfeld (1824-1900) um *Dictionnaire général de la langue française* (1890-1893) em dois volumes, publicado postumamente. Na história da linguística francesa, seu nome perenizou-se na denominada Lei de Darmesteter, em que o notável filólogo defende a hipótese de que as vogais pretônicas imediatamente anteriores à sílaba tônica têm as mesmas características das vogais finais[60].

Embora a História da Linguística atribua a Bréal a iniciativa de haver conferido á semântica *status* autônomo como área de investigação linguística, no Brasil ao menos um gramático de grande importância historiográfica, Maximino Maciel, atribui não a Bréal, senão a Darmesteter a iniciativa de introduzir o termo semântica no vasto campo da ciência linguística. São de Maciel as seguintes palavras (1922 [1894]:3):

> A divisão tripartite [da gramática] da generalidade dos gramaticógrafos — em **fonologia**, **lexiologia** e **sintaxilogia** — não tem mais

---

[60] Sobre a Lei de Darmesteter, leia-se, entre outros, Thomas (1892) e Malkiel (1983).

razão de ser, depois que o estudo da significação se individualizou, constituindo por si um ramo definido, maximé com os estudos de Darmesteter que usa do termo semântica para designar a teoria lógica da significação.

É, pois, sob inspiração de Darmesteter que Maximino Maciel toma a iniciativa de apresentar uma sinopse gramatical com quatro grandes partes (na nomenclatura atualizada, fonologia, lexiologia, sintaxe e semântica), fato efetivamente inovador no panorama do século XIX, em que as gramáticas costumavam dividir-se em duas partes — lexiologia e sintaxe — ou mesmo em três — fonologia, lexiologia e sintaxe. Manuel Pacheco da Silva Júnior, por sua vez, em seu *Noções de semântica* (1903), recorre mais de uma vez à obra de Darmesteter para abonar conceitos não exclusivamente semânticos, mas de ordem semântico-morfológica. Refere-se Pacheco àqueles casos conhecidos em que um nome composto passa a designar um conceito único em detrimento dos significados individuais que cada elemento da composição possa apresentar: "E assim como o substantivo simples, perdendo sua significação etimológica, acaba por corresponder inteiramente à idéia do objeto, também nos compostos o determinante e o determinado desaparecem para melhor apresentarem uma imagem ou idéia única" (1903:74).[61]

Entre os filólogos brasileiros, entretanto, cabe a Eduardo Carlos Pereira (1855-1923) render maior tributo a Arsène Darmesteter, a quem, além de citar em epígrafe na *Gramática expositiva* (1909 [¹1907]), confere o grande mérito de haver erigido um estudo gramatical voltado tanto para a descrição quanto para o ensino da língua vernácula. A lição de Darmesteter, nesse plano, é de que a gramática, como obra de finalidade dual, deve servir tanto ao desenvolvimento da ciência quanto ao propósito pedagógico, razão

---

[61] No texto de Darmesteter, "Dans ces sortes de mots, le substantif éveille donc une double image, et c'est en quoi ils différent des mots simples, où l'on retrouve bien un déterminant, l'adjectif, mais où le determiné s'annule en se réduisant à la notion la plus générale d'être. Mais bientôt, comme dans les substantifs ordinaires, la double idée qui se présentait à l'esprit s'efface graduellement devant une idée supérieure qui est celle de l'objet dans toute l'étendue de ses qualités; et de même que le substantif simple, en perdant sa signification étymologique, finit par correspondre entièrement à l'idée de l'objet, de même, dans les composés, le determinant et le determiné disparaissent pour faire place à une seule image. Le composé est devenu simple" (Darmesteter, 1894 [1873]:12).

por que, em seu escopo, não se limita a ser ciência, senão a ser igualmente arte. Com efeito, ao cuidar do conceito de gramática e de sua divisão, Pereira se serve dessa concepção finalística da gramática supostamente[62] colhida ao *Cours de grammaire historique de la langue française*, especificamente nos seguintes termos (Pereira, 1909 [¹1907]:3):

> (...) o exímio romanista Arsène Darmesteter, cuja autoridade está acima de qualquer contestação, escreve, na Introdução de seu *Cours de Grammaire Historique de la langue française*: "A concepção de gramática como ciência é, podemos dizê-lo, uma idéia nova nascida com a linguística moderna. Assim entendida, é a gramática de uma língua a determinação das leis naturais que a regem em sua evolução histórica. A gramática, acrescenta ele, pode ser considerada como arte. Deste modo a encararam os gregos e os latinos, e a Idade Média, e assim a encaram os gramáticos modernos que não se prendem à escola histórica.

À semelhança de Eduardo Carlos Pereira, um outro importante nome da gramaticografia brasileira, João Ribeiro (1860-1934), ampara-se na rica descrição da língua vernácula francesa oferecida por Darmesteter, especificamente acerca da mudança fonológica nos prefixos de origem latina, para descrever o processo pelo qual muitos radicais em português resultam de prefixos latinos aglutinados a um radical primitivo, como ocorre em *colligere > colher*. As excelentes lições que João Ribeiro desenvolve nas páginas de sua *Gramática portuguesa; curso superior* (1933 [1887]) dão valor especial à erudição clarividente que Darmesteter oferece no *Traité de formation...* (1894 [¹1873]), sobretudo no tópico acerca da distinção entre compostos aglutinados e justapostos. Na visão de Darmesteter, a aglutinação de radicais resultava não só da alteração fonológica das formas primitivas, como também de sua intensa corrupção semântica, razão por que mais se deveria em

---

[62] Dizemos supostamente porque não conseguimos atestar a citação de Darmesteter no *Cours de grammaire historique de la langue française* (1891). Por sinal, a citação s.m.j. sequer consta nas demais obras mais conhecidas de Darmesteter: *La vie des mots* (1887), *Traité de la formation...* (1894 [1873]), *Dictionnaire general...* (1890-1893), *De la création...*(1877). Não se descarte a hipótese de Eduardo Carlos Pereira haver-se enganado quanto à autoria desta citação, não obstante tenha remetido o leitor sem hesitação à Introdução do *Cours*.

vernáculo considerar os compostos aglutinados verdadeiros nomes simples[63].

Por fim, vale referir-se aqui a uma interessante percepção da dêixis pronominal que levou Darmesteter a denominar o pronome como "gestos falados". A referência a essa visão peculiar do pronome está, entre os brasileiros, nos *Serões gramaticais*, de Ernesto Carneiro Ribeiro (1839-1920), que assim se manifesta:

> Todos os pronomes, e mais que todos, os da primeira e segunda pessoa, são acompanhados de uma idéia de indicação precisa, externada de ordinário de um gesto, que traduz materialmente e com viva expressão a idéia da relação por eles significada.
> Induzido por esse fato foi que aos pronomes deu Darmesteter[64] a denominação, que ele mesmo considera paradoxal, de *gestos falados*.

Nesse passo, por sinal, Ernesto Carneiro Ribeiro adianta-se em reconhecer o mesmo papel de "gesto falado" nos advérbios *aqui, ali, acolá* etc., atribuindo-se-lhes, consequentemente, efetivo papel pronominal (1955 [¹1890]:320)[65]:

> Essa mesma indicação precisa, esse mesmo gesto falado, segundo a feliz concepção do gramático já citado, notam-se igualmente nos (...) advérbios aqui, aí, ali, acolá, pela relação que têm com os pronomes, da primeira, segunda e terceira pessoa. Donde, porventura, a razão por que somente são por alguns denominados *pronominais* (...) os mesmos advérbios aqui apontados.

---

[63] Ao tratar dos compostos, Darmesteter efetivamente assinala que "(...) dans la plupart des cas, les composés sont arrivés à l'état de simples: *bémol, bienveillant, blanchœuvre, bon-homme, bonjour, boutecul, champart, chaircuite* ou *charcuite, chaufour, claquemur* (...) ce sont des termes d'arts et métiers, dont les radicaux, d'un usage spécial, doivent, pour ceux qui les emploient journellement, offrir des idées unes et être réduits à des mots simples" (1894 [1873]:281).

[64] Ernesto Carneiro Ribeiro informa haver recolhido essa informação do *Cours de grammaire historique*. Não a encontramos na obra citada, razão por que, considerando o reconhecido rigor com que o autor dos *Serões gramaticais* abonava suas referências bibliográficas, há de atribuir-se o fato a possível equívoco do filólogo brasileiro.

[65] A iniciativa de incluir os advérbios de significação dêitica na classe dos pronomes é ordinariamente atribuída a Mattoso Camara (1970). No entanto, como se comprova na citação de Carneiro Ribeiro, essa proposta é bem anterior aos estudos morfológicos do grande linguista fluminense.

2.3 Émile Littré (1801-1881)

Figura exponencial da filologia francesa, Maximilien Paul Émile Littré inscreveu-se entre os inúmeros intelectuais enciclopedistas surgidos na Europa do século XIX. Formou-se em medicina, mas nessa área desenvolveu apenas atividades filantrópicas durante curto período. Notabilizou-se como professor de matemática e de línguas modernas, a par de desenvolver estudos preciosos no campo da filologia e do estudo das línguas orientais antigas.

Littré mantinha íntima relação com a escola positivista de Auguste Comte (1798-1857), não obstante tenha encetado rumo próprio em que predominava uma linha agnóstica, extremamente materialista. Julgava ser o pensamento inerente à substância cerebral, e que a percepção não passava de um fenômeno decorrente das atividades neurológicas. Segundo Littré, o conhecimento humano limitava-se aos fatos, dos quais seria cabível chegar-se às leis e às relações matemáticas. O que transcendesse a esse nível seria absolutamente alheio à ciência.

No campo filológico, que lhe conferiu maior reconhecimento póstumo, Littré efetivamente lavrou seu nome como romanista de escol, cabendo-lhe o mérito de haver influenciado metodologicamente os estudos gramaticais brasileiros pelo menos até a metade do século XX. Produziu textos sobre a evolução do francês, questões dialetais, além de haver-se dedicado bastante à edição de textos clássicos. Nos estudos semânticos, Littré advogou tese de duvidosíssima fundamentação, segundo a qual a polissemia que caracteriza certas palavras da língua constitui um óbice ao processo de criação de novas palavras, configurando-se, assim, numa "patologia verbal"[66]. Por sinal, a própria denominação "patologia", mais uma adaptação da terminologia das ciências biológicas

---

[66] A expressão "patologia verbal" inscreve-se na concepção de língua como organismo vivo, portanto passível de deterioração em face de "fatos patológicos". No Brasil, o termo "degeneração semântica" tornou-se usual, na mesma linha cientificista. Littré caracteriza como "patologia verbal" (ou *lésions*) não apenas os fatos referentes à mudança de significado, senão a fatos linguísticos em geral nos quais se verifica o que a seu juízo seria malformação decorrente da mudança: "Sous ce titre, je comprends les malformations (la cour au lieu de la court, épellation au lieu d'épelation), les confusions (éconduire et l'ancien verb escondire), les abrogations de signification, les pertes de rang (par exemple, quand um mot attaché aux usages noble tomb aus usage vulgaires ou vils), enfin les mutations de signification" (1986 [1880]:7).

aos estudos linguísticos novecentistas, constitui objeto de crítica por parte de Pacheco da Silva Júnior (1903:16):

> A denominação *patologia verbal* ou da linguagem (criada por Littré) com aplicação ao modo de exprimir novas idéias sem criar novos vocábulos e só pela transferência dos sentidos, é errônea porque esses fatos pertencem à evolução natural da linguagem e não constituem moléstias ou achaques, nem são fenômenos teratológicos.

O mar de citações que se fazem a Émile Littré no curso da gramaticografia brasileira, inicia-se justamente com o texto inaugural da gramática científica, a *Gramática portuguesa*, de Júlio Ribeiro em que o filólogo mineiro o cita em epígrafe, para firmar sua filiação ao método histórico-comparativo: "Pour les langues, la méthode essentielle est dans la comparaison et la filiation. Rien n'est explicable dans notre grammaire moderne, si nous ne connaissons notre grammaire ancienne" (1911 [1881]: folha de rosto). Do ponto de vista metodológico, o pensamento positivista, que se difundiu pela palavra de Littré nos meios linguísticos, não obstante a grande controvérsia levantada, prometia novos rumos para a interpretação empírica da linguagem humana, fato que causava excitação mesmo em um nome recatado, como o de Ernesto Carneiro Ribeiro (1955 [1890]:7):

> Neguem-se todos os méritos aos estudos positivos, tão ardentemente sustentados e pleiteados por Comte e Littré, e completados pela orientação que lhes dá a escola inglesa contemporânea, não se lhes poderá contestar o mérito de ter tenaz e instantemente chamado a atenção dos espíritos do ermo sombrio e intrincado das abstrações, vagas e ociosas, para o campo largo e fecundo da observação, aturada e refletida, que fornece à ciência o seu ponto de partida, sua base e *substractum*.

Voltando à relação entre as ideias de Émile Littré e a produção gramatical de Manuel Pacheco da Silva Júnior, observa-se a sedimentação das teses naturalistas que permeavam a concepção de língua em Littré — na esteira do veio evolucionista que surge com August Schleicher (1821-1868) — na descrição que Pacheco Júnior oferece acerca da mudança que se observa nos acidentes gramaticais, sobretudo as desinências verbais, em face do contato linguístico (1878:66). Nesse ponto, verifica-se a conveniência, à época, do modelo linguístico-naturalístico para atribuir leis à mudança linguística em conformidade com as leis biológicas, em particular para explicar a conhecida simplificação flexional de línguas crioulas.

2.4 Gaston Paris (1839-1903)

O filólogo e advogado Bruno Paulin Gaston Paris tem perfil extremamente parecido como o de Émile Littré. Ganhou celebridade com os estudos vernáculos do francês, não obstante sua sólida formação em linguística teórica. Sua atividade intelectual, a rigor, era majoritariamente relacionada ao ensino da língua e da literatura francesa. Nome constante em quase todas as gramáticas brasileiras, Gaston Paris encarnava o estereótipo do intelectual padrão nos meios filológicos brasileiros: conhecia profundamente a língua vernácula, a filologia românica e as literaturas clássica e moderna. Tal qualificação viria a conferir-lhe o privilégio de ser dos intelectuais estrangeiros mais citados nos textos brasileiros sobre língua e literatura.

Discípulo de Friedrich Diez, com quem estudou filologia românica em Bon, Gaston Paris incentivou, ao lado de Littré, a aproximação da filologia francesa com a alemã, de que resultou profícuo desenvolvimento da romanística na França. Foi redator da *Revue Critique* e, mais tarde, em companhia de Paul Meyer, fundou a revista *Romania*, periódicos que se notabilizaram pela divulgação e aprofundamentos do estudo das línguas românicas e das línguas clássicas. Nas páginas desses periódicos ofereceu ao público textos sobre fonética experimental e geografia linguística, temas a que não se aventuravam os pesquisadores de curto horizonte. Tradutor, em companhia de August Brachet (1845-1898), da *Grammaire des langues romanes*, de Friedrich Diez (1874), Gaston Paris deixou vasta bibliografia em que circula pelas literaturas grega e latina e, sobretudo, pela literatura francesa; entre suas obras filológicas, destaca-se a *Grammaire historique de la langue française* (1868) extraída de um curso ministrado na Sorbonne entre 1866 e 1868.

Embora tenha perfil acadêmico similar ao de Émile Littré, conforme fizemos observar, Gaston Paris dele se distingue por não filiar-se incondicionalmente à tese do naturalismo linguístico, como se pode atestar em uma referência que lhe faz Eduardo Carlos Pereira no tocante ao emprego do termo *organografia* para designar a morfologia histórica. A ideia dessa denominação (a que se alia o termo *órgãos* para designar os elementos morfológicos da palavra) deriva da concepção orgânica da língua, como ser vivo, na esteira do pensamento schleicheriano. Como observa Pereira, apoiado entre outros teóricos, em Gaston Paris, a Linguística não é Biologia, razão por que "ilustres filólogos impugnam a conveniência de um tal termo aplicado à língua, Gaston de Paris (*sic*), Antoine Thomas, Bourciez e outros" (Pereira, 1929 [1915]:53).

No campo dos estudos prosódicos, um estudo de Gaston Paris (1862), sobre a incidência do acento latino no francês, serviu de referência a Ernesto Carneiro Ribeiro para descrição do mesmo fato fonológico em português (Ribeiro, 1955 [¹1890]:54):

> O acento, diz Gaston Paris, é o que dá à palavra sua unidade e individualidade, o que faz de uma reunião de sílabas um todo perfeito e distinto; ele o que as vivifica e caracteriza. A acentuação de uma língua é um dos seus caracteres essenciais e contribui muito para lhe determinar a natureza e o gênio.[67]

Ainda no tocante ao acento, cabe a Carneiro Ribeiro tocar uma questão pouco esclarecida acerca da transformação de formas fortes em formas fracas na passagem da conjugação verbal latina para a portuguesa (e românica em geral), fato que Gaston Paris atribui a uma tendência do falante de conservar a integridade da forma verbal. Nesse sentido, Ribeiro (1955 [1890]:459) cita Paris:

> As línguas românicas, diz Gaston Paris, têm uma tendência manifesta a alongar as palavras, a dar-lhes mais consistência e a conservar tanto quanto possível o radical sem alteração nas flexões e nos

---

[67] A citação de Ernesto Carneiro Ribeiro extrai segmentos esparsos de uma longa digressão de Gaston Paris sobre o acento nas línguas românicas. No original de Gaston Paris: "L'accent tonique est ce qui donne au mot de l'unité et de individualité, ce qui fait d'une réunion de syllabes um emsemble parfait et distinct. C'est l'âme du mot, anima vocis, suivant l'heureuse expression du grammairien Diomède; c'est ce qui la vivifie et le caractérise (...) L'accentuation d'une langue est donc um des ses caractères essentiels, et contribue beaucoup à déterminer as nature e son génie (1862:8-9).

derivados. Na conjugação, acentuando-se a terminação, as formas verbais conservam-se mais inteiras[68].

Enfim, muito mais se poderia aqui apresentar no tocante às referências que se fazem na gramaticografia brasileira não só a Gaston Paris, como também aos demais linguistas franceses antes aludidos. Por sinal, como afirmamos no início deste trabalho, muitos outros linguistas de menor expressão haveriam de constar em texto mais extenso, que visasse a um estudo completo da presença da doutrina francesa nos estudos gramaticais brasileiros.

No devir do século XX, mormente após a ruptura de paradigma expressa pela publicação dos *Princípios de linguistica geral* (Camara Jr., 1941), a presença dos teóricos franceses arrefeceu-se consideravelmente — limitada a nomes isolados como o de Charles Bally (1865-1947) e Émile Benveniste (1902-1976) —, sobretudo em face do sucesso que nos meios acadêmicos obtiveram os modelos estruturalista e gerativista, em que predominam os ideólogos norte-americanos. Com a diversificação dos estudos linguísticos a partir das últimas duas décadas do século XX, em que surge com força expressiva a análise do discurso em vertentes distintas de abordagem do fenômeno linguístico, as linhas teórico-metodológicas francesas voltam a figurar expressivamente no panorama linguístico do Brasil, em multifacetada amplitude, das quais podem citar-se os nomes de Patrick Charaudeau, Oswald Ducrot, Dominique Maingueneau, a par de filósofos da linguagem como Michel Pêcheux (1938-1983) e Michel Foucault (1926-1984).

---

[68] No original de Gaston Paris: " Les langues romanes ont une tendance manifeste à allonger les mots, à leur donner plus de consistance, et à conserver autant que possible le radical sans altération dans les flexions ou les derives; or, dans la conjugaison comme dans la dérivation, elles mutilaient beaucoup les formes em accentuant le radical, elles les conservaient bien plus entières en accentuant la termination" (1862:65).

Tradição e Vanguarda na Linguística de Joaquim Mattoso Camara Jr.

Comemorou-se no ano de 2004 o centenário de Joaquim Mattoso Camara Jr. Homem de sólida formação filológica, Mattoso Camara decerto ocupa lugar de destaque em nosso cenário acadêmico, tendo em conta a inovadora contribuição que sua obra confere aos estudos linguísticos brasileiros, sobretudo mediante aplicação das teses estruturalistas, então emergentes no início do século passado, à descrição do português.

A par desse caráter pioneiro, que confere à obra do nosso grande mestre perfil inigualável, do ponto de vista historiográfico, havemos também de ressaltar a versatilidade, aliada ao profundo saber humanístico, com que Mattoso Camara tratou temas diversificados sobre da linguagem humana. Em sua rica bibliografia, encontram-se volumes dedicados à terminologia da Linguística (*Dicionário de filologia e gramática, referente à língua portuguesa*), às línguas indígenas (*Introdução às línguas indígenas brasileiras*), à Estilística (*Ensaios machadianos; língua e estilo* e *Contribuição à estilística portuguesa*), à História da Linguística (*História da Línguistica*), a par de outros mais conhecidos do público universitário, por encerarem suas teses primorosas sobre a descrição do português (*Para o estudo da fonêmica portuguesa, Problemas de linguística descritiva* e *Estrutura da língua portuguesa*).

Em 1941, Mattoso Camara trouxe a lume seus *Princípios de linguística geral*, uma obra resultante do curso pioneiro que ministrara na Universidade do Distrito Federal em 1938, em que funda uma nova ordem nos estudos linguísticos pátrios[69]. Essa obra única em nosso panorama historiográfico viria a transformar-se decerto na mais importante contribuição teórica do século passado para o desenvolvimento de um saber e um pensar sobre a língua em

---

[69] Interessante notar que, com a extinção da UDF e posterior criação da Faculdade de Filosofia da Universidade do Brasil, o curso de Linguística Geral de Mattoso Camara foi interrompido por vários anos, havendo reiniciado somente em 1948 com uma turma de apenas três alunos: Rosalvo do Vale, Solange Pereira de Vasconcellos e Maximiano de Carvalho e Silva.

nossa terra. Sua verve em texto escrito, por vezes inacessível aos iniciantes, é marcada pela exação científica, em que cada termo cumpre papel delimitado e preciso. Era, entretanto, com a riqueza envolvente de seu discurso oral, em aulas marcadas pela clareza expressiva, que Mattoso Camara, segundo seus discípulos, conseguia desanuviar as sendas mais complexas da Morfologia e da Fonologia, conforme por mais de uma vez nos revelou o Prof. Carlos Eduardo Falcão Uchôa, seu assistente e devoto colaborador, a quem, em feliz coincidência, foi outorgado o título de professor emérito da Universidade Federal Fluminense no mesmo ano de 2004, em que se comemorou o centenário do querido mestre Mattoso.

Diga-se ainda que a meritória carreira de Mattoso Camara produziu efeitos duradouros até hoje na construção da pesquisa linguística em Portugal. Em recente congresso internacional patrocinado pela Academia Brasileira de Filologia e realizado na Universidade do Estado do Rio de Janeiro, tivemos oportunidade de ouvir o depoimento decisivo do Prof. Fernando Alves Cristóvão, da Universidade de Lisboa, cujas palavras exaltaram o papel do linguista brasileiro na formação de toda uma geração de especialistas lusitanos, sob amparo das teses estruturalistas que campeavam a Linguística do século XX. Arrematou, então, o Prof. Cristóvão que a nova geração que hoje vem enriquecendo os estudos sobre a linguagem em Portugal não pode olvidar o contributo decisivo de Mattoso Camara para a formação de um pensamento científico em solo europeu.

Mattoso, a meu juízo, tem muito do perfil acadêmico que caracterizou os antigos filólogos das bases historiográficas brasileiras. Primeiro, não era incondicionalmente vinculado a um dado modelo de investigação, não obstante seja clara a predominância do estruturalismo em sua obra. Quem lê seus estudos estilísticos, por exemplo, verifica até certo distanciamento da visão sistêmica imposta pelo Estruturalismo, pois lá não se encontram análises de unidades, estilemas, semantemas etc. Há, sim, uma estilística com fulcro a inventividade do escritor, de fundo idealista, que se encontra com profusão em textos filológicos clássicos que tratam da língua literária.

Por outro lado, o próprio interesse pela língua literária também é um elemento que aproxima a obra de Mattoso das nossas bases filológicas. Hoje, como sabemos, a Linguística parece ter-se divorciado integralmente da Literatura, fato que deve ser analisado com cuidado, para que não se façam ilações irresponsáveis sobre suas causas.

A HISTÓRIA DA GRAMÁTICA

De qualquer forma, esse divórcio da Linguística com a Literatura não estava no projeto acadêmico de Mattoso, como o comprova a leitura de seu precioso Ensaios machadianos (Camara Jr., 1962).

Não resta dúvida, entretanto, de que o nome de Mattoso Camara ficará indelevelmente inscrito na História da Linguística — e tal asserção, hoje, não constitui qualquer ufanismo barato, já que nosso linguista já consta em verbete próprio na segunda edição da colossal *Encyclopedia of language and linguistics*, publicada pela Editora Elsevier, de Oxford — como introdutor do paradigma estruturalista no Brasil (cf. Coelho, 2005), fato que provocou um real divisor de águas no percurso dos estudos sobre a linguagem em nosso país a partir da publicação de *Princípios de linguística geral*.

O veio inovador em Mattoso, neste aspecto, diz respeito não só à aplicação do método estruturalista na descrição do português, mas na inauguração de uma fase em que começaram a despontar textos sobre Linguística teórica descomprometidos com a atividade descritiva. Esse é um traço interessante que merece ser destacado, porque talvez aí esteja a fonte desse raciocínio metonímico que costuma ver em Mattoso o início dos estudos linguísticos no Brasil. Na realidade, para sermos justos, a Linguística como ciência já aportara a costa brasileira bem antes de Mattoso, pela pena de um Said Ali (1861-1953), de um João Ribeiro (1860-1934), de um Mário Barreto (1879-1931) entre tantos outros. Said Ali, para ficarmos restritos a um exemplo singular, já tratava de severas questões sintáticas portuguesas desde 1908, com a publicação de seu precioso *Dificuldades da língua portuguesa*, sob a inspiração dos neogramáticos alemães, como Berthold Delbrück (1842-1922) e Karl Brugmann (1849-1919).

No entanto, a perspectiva usual, antes de Mattoso, era de situar a teoria linguística sempre em posição adjetiva, pois o escopo maior era o fato em língua vernácula. Com Mattoso, surge uma senda efetivamente inovadora, a de tocar as questões sobre a linguagem humana em plano eminentemente teórico, o que deu oportunidade para que alguns menos cuidadosos dissessem que ali começava a Linguística em solo brasileiro.

Por interessante, convém advertir que o próprio Mattoso não era um teórico na acepção do termo, mas um divulgador da teoria estruturalista, de tal sorte que a maior parte de sua obra efetivamente cuida da descrição do português, "pondo a mão na massa", como costumamos dizer na linguagem popular. Basta verificar pela leitura de sua tese *Para o estudo da fonêmica portuguesa* (1953), obra de descrição fonológica, e o póstumo *Estrutura da língua portuguesa* (1970), obra inacabada que pretendia descrever a gramática do português igualmente em bases estruturais.

Um fator importantíssimo atinente ao perfil acadêmico do professor da Universidade Católica de Petrópolis e da Universidade Federal do Rio de Janeiro, que, decerto, não pode passar despercebido, reside no fato de que soube conciliar harmonicamente esse veio inovador da teoria linguística com o estudo descritivo da língua vernácula. Por tal motivo, Mattoso jamais cedeu à tentação gratuita de firmar a oposição indevida, como até hoje ainda costumamos perceber em textos de duvidosa qualificação, entre Linguística e gramática normativa, nem se lhe pode encontrar nos textos qualquer referência desairosa à norma gramatical. Na realidade, nosso mestre tinha a exata medida da existência de um padrão normativo no seio da sociedade, que não se deve decerto combater, senão tratar na justa medida de suas bases e fundamentos. Leiam-se estas suas judiciosas palavras:

> A língua escrita (...) tende a pautar-se pelas praxes da língua literária. Os gramáticos normativos deduzem dessas praxes, em grande parte, a sua DISCIPLINA GRAMATICAL. É uma norma até certo ponto fictícia em cotejo com a norma espontânea da língua comum. Torna-se, no obstante, especialmente útil como expressão de uma vida cultural superior, pois esta exige, com efeito, um instrumento de mais sutileza e precisão do que a língua cotidiana, constituída para a expressão de uma vida mental muito mais corriqueira e muito menos complexa (Camara Jr., 1970:284).

Observe-se que o conceito de norma gramatical em Mattoso não se apoia na premissa da arbitrariedade de regras artificiais, senão no conceito de descrição linguística com fulcro em um *corpus* restrito e homogêneo, qual seja o da língua literária. Decerto que se pode, hoje, reformular as bases da norma gramatical mediante alteração da natureza do *corpus* descrito, não mais obrigatoriamente atrelado à língua literária. De qualquer forma, teremos ainda assim um conjunto de estruturas eleitas como preferíveis em face de outras no padrão da língua escrita, dentro de uma perspectiva de uso linguís-

tico atento à unificação e consolidação das possibilidades de uso do sistema. É exatamente nesse sentido que Mattoso reconhece na língua escrita normatizada o elemento que trazido "paralelamente com o transplante da cultura, se torna a materialização do ideal de unidade lingüística dentro do estado" (Camara Jr., 1970:285).
Nesse sentido, vemos íntima identidade entre o conceito de norma em Mattoso e o de exemplaridade linguística em Coseriu. Cuidam ambos os conceitos de uma tradição construída pelo uso e consolidada pelo falante ao longo do tempo na constituição de uma língua histórica. Corrobora esse entendimento do pensamento mattosiano o conceito de norma que nos é oferecido nas páginas do *Dicionário de filologia e gramática* (Camara Jr., 1971:281):

> Norma — Conjunto de hábitos lingüísticos vigentes no lugar ou na classe social mais prestigiosa do País (...) A norma é uma fôrça conservadora na linguagem, mas não impede a evolução lingüística, que está na essência do dinamismo da língua, como de todos os fenômenos sociais.

Não causa surpresa, pois, que Mattoso tenha enveredado pelas sendas do estudo filológico — que a geração legatária das ideias estruturalistas no Brasil optou por menosprezar, por considerá-lo indevidamente normativo —, bem como pela didática do português, com o mesmo espírito despojado e inventivo com que inaugurou entre nós as bases da Linguística estruturalista. Sirvam de exemplo o volume *Manual de expressão oral e escrita*, fruto de um curso ministrado por Mattoso na Escola de Comando do Estado Maior da Aeronáutica, e a *Teoria da análise léxica* (Camara Jr., 1956), texto didático voltado para os exames de admissão ao curso ginasial e ao curso normal, cujos preceitos de língua escrita não colidem de modo geral com os que habitam os melhores textos gramaticais brasileiros do século XX.

Sobre a *Teoria da análise léxica* em particular, há de fazer-se especial comentário. Primeiro, trata-se de texto publicado em 1956, época em que Mattoso já despontara como um dos grandes linguistas brasileiros, intimamente ligado às novas teses estruturalistas. O fato de haver publicado um manual didático neste momento de sua carreira é prova inequívoca do compromisso que tinha com o ensino da língua vernácula, traço que mais o inscreve na tradição filológica do que na inovação linguística brasileira.

Mas, na leitura atenta das páginas da *Teoria* percebe-se o cuidadoso trato que Mattoso conferiu aos temas mais polêmicos, de tal sorte que não se alinhasse com velhos conceitos que julgava inadequados, mas igualmente não agasalhasse em nível elementar teses novas, ainda por consolidar-se do ponto de vista pedagógico. É o que ocorre com o tratamento do grau dos substantivos, que, como sabemos, Mattoso inscrevia entre os processos de derivação, destoante do processo de flexão a que se referia a tradição gramatical brasileira. Pois bem, no capítulo IX da *Teoria*, Mattoso introduz o tema sob o diplomático título *As variações de grau*, que, a rigor, não se comprometia nem com a velha tese da flexão, nem com as novas tendências da derivação.

Outra informação que nos fornece a leitura da Teoria vincula-se à natureza pronominal que Mattoso atribuía aos termos periféricos do sintagma nominal sem valor semântico qualificativo. Recordem-nos que em 1956 fervilhavam as discussões que resultariam na consolidação da Nomenclatura Gramatical Brasileira (NGB) em 1959. Uma das polêmicas mais presentes nos foros de discussão circundava a tese do *adjetivo determinativo* x *pronome adjetivo*. A hipótese pronominal desses termos tinha, entre nós, origem nos escritos de Said Ali sobre a natureza do pronome, inspirado nas teses de Henry Sweet (1845-192), conforme se lê nas páginas da *Gramática secundária* do filólogo petropolitano. Na *Teoria*, Mattoso revela alinhar-se à visão de Said Ali, por sinal a que viria a ser vencedora na versão final da NGB.

Digam-se ainda duas palavras sobre esse tema das classes gramaticais no tocante ao tratamento dos denominados advérbios de lugar ou locativos, tais como *aqui, ali, lá* etc., cujo valor dêitico estimulou Mattoso a inscrevê-los na classe dos pronomes. Isso, fundamente-se, tendo em vista que tais palavras estariam, à semelhança dos pronomes demonstrativos, vinculadas às pessoas do discurso. No entanto, fiel ao princípio de que em órbita pedagógica deve-se dar preferência às teses consolidadas pela tradição doutrinária, Mattoso não cuida dessa renovada visão dos advérbios locativos em sua *Teoria da análise léxica*.

Por outro lado, a afeição aos velhos estudos produzidos por brasileiros ilustres que se dedicaram às questões linguísticas revela-se em Mattoso na reiterada publicação de textos historiográficos, nos quais deslinda a atividade de nomes relevantes, dentre eles João Ribeiro,

Antenor Nascentes e Said Ali. Por sinal, o amplo leque de interesses com que Mattoso abraçou a causa linguística levou-o a escrever mais de um texto sobre o panorama genérico dos estudos filológicos no Brasil, o principal deles intitulado *Os estudos de português no Brasil*, que consta da coletânea *Dispersos de Joaquim Mattoso Camara Jr.*, organizado por Carlos Eduardo Falcão Uchôa, ora em segunda edição revista e ampliada, sob a rubrica da Editora Lucerna (2004).

O que até aqui se disse, portanto, creio ser suficiente para demonstrar que o perfil intelectual de Mattoso era o de um investigador movido pelo pendor heurístico, que soube aplicar as teses de uma doutrina linguística sem, no entanto, a ela submeter-se apelo compromisso do exclusivismo. Nas teses de Thomas Kuhn (1970) sobre o significado de *ciência normal*, surge a noção de paradigma, que se pode resumir como uma rede de compromissos ou pressupostos conceituais compartilhados por cientistas. Observa--se, hoje, com frequência — fato flagrante nos meios linguísticos — uma espécie de relação hierárquica entre membros de um paradigma, em que vige como liame epistemológico a própria defesa do paradigma como compromisso de honra. Sobre o fato, expressou-se com clarividência George Zarur (2004):

> O processo de institucionalização da ciência e o surgimento da "big science", na segunda metade século XX, bem como a organização corporativa das comunidades científicas por área do conhecimento, geraram um pesquisador do tipo "sacerdotal", na medida em que participa de ordens, rituais, hierarquias, e crenças científicas comuns. A liberdade de criação é limitada e, frequentemente, a originalidade é punida. Alguns possuem a chave da porta do laboratório e outros ficam dependentes. Alguns têm acesso a recursos editoriais e fundos para pesquisa. São os guardiões dos paradigmas.

Por sinal, o próprio Thomas Kuhn já discorre sobre essa atividade dual do cientista, a um tempo divulgador e guardião do paradigma, fato que a nosso ver desvia o compromisso da ciência, não mais o objeto, senão o método. Dizemos essas palavras para reconhecer em Mattoso Camara um cientista que sobre desagrilhoar-se do paradigma, ou melhor, teve a sabedoria bastante para não se deixar agrilhoar pelo paradigma. Talvez esteja aí o segredo de haver construído uma obra tão pujante e permanente.

# As Ideias Linguísticas de João Ribeiro[70]

João Ribeiro é daquelas personalidades que nos fazem de vez em quando murmurar, em meio a uma leitura: "Gostaria de tê-lo conhecido". Talvez porque seus textos expressem o raro equilíbrio do fazer científico com o veio humanístico, como percebemos inclusive nos defeitos que ordinariamente se lhe atribuem: a volubilidade e a imagística. Volúvel, até mesmo contraditório, porque cometeu o indesculpável crime de rever antigas posições filológicas, saindo de um indisfarçável pendor purista no início de carreira para uma flagrante tendência liberal no avançar da idade. Imagístico porque não hesitava em abrir as janelas do espírito em seus preciosos estudos sobre fraseologia do português.

Mas tais defeitos, se assim houvermos de designar semelhante comportamento, talvez nada mais sejam do que o direito que soube exercer como poucos intelectuais de seu tempo: deixar fluir pela pena as qualidades da alma. Dono de fina ironia, Ribeiro preferia atribuir a contradição que os desafetos lhe condenavam a uma falência da natureza humana. Citando Bernard Shaw, costumava aduzir que, se o homem de dez em dez anos renova todas as células, por que não haveria também de renovar as ideias? (Ribeiro, s.d.:125).

João Batista Ribeiro de Andrade Fernandes nasceu na cidade de Laranjeiras, Sergipe, a 24 de junho de 1860, e morreu no Rio de Janeiro a 13 de abril de 1934. O filho de Manuel Joaquim Fernandes e de Dona Guilhermina Rosa Ribeiro Fernandes, havendo perdido o pai precocemente, foi criado pelo avô, cuja formação intelectual decerto alimentou-lhe a vocação heurística e abriu-lhe o caminho do saber. Concluído o curso de Humanidades no Liceu Sergipano em 1881, João Ribeiro envolve-se seguidamente em duas frustradas tentativas de formação profissional: primeiro, abandonou ainda no início os estudos na Faculdade de Medicina de Salvador, Bahia; posteriormente, já instalado no Rio de Janeiro, não passou

---

[70] Versão modificada da originalmente publicada na *Revista Portuguesa de Humanidades*, Braga, v. 9, n.1-2, p. 137-149, 2005.

dos primeiros passos na Escola Politécnica, onde pretendia formar-se engenheiro. A vocação das Letras, decerto, impulsionou-o para a carreira jornalística, que no século XIX mantinha laços estreitos com mundo literário e filológico, vindo, aí sim, a iniciar a caminhada que o projetaria como uma das personalidades brasileiras mais importantes da virada do século XIX.

O amor ao magistério desabrochou com um emprego de professor de língua vernácula no Colégio São Pedro de Alcântara, época em que a pesquisa filológica já se manifestaria intensamente em sua órbita de interesses, aliada a outras atividades dispersas, como o fazer poético, a pintura e a crítica artística. O poeta foi liminarmente extinto por uma autocrítica que hoje não podemos julgar severa ou justa, mas decerto impiedosa; o crítico, porém, habitaria para sempre a alma do sergipano já adaptado aos ares múltiplos da Corte. Quando ao professor, este seria a essência do ser e a razão de tudo. Seguindo a linhagem dos principais nomes da Educação no século XIX, João Ribeiro durante largo tempo contribuiu para o desenvolvimento do ensino nas dependências do Colégio Pedro II, no Rio de Janeiro, onde ocupou a cadeira de História Universal.

No terreno da crítica, por sinal, atividade que exerceu durante toda a vida, sua atuação nem sempre é acolhida com a boa recepção que se confere à do filólogo e humanista. Segundo Ledo Ivo (1924-2012), na *Introdução* à 2.ª edição das *Páginas de Estética*, Ribeiro foi "um grande crítico, mas cometeu grandes erros e miopias; no ofício do escrever, muito se ocupou, por necessidade ou cortesia, em coisas miúdas e desprezíveis, estimulando as mais variegadas filáucias", a par de não ter reconhecido "o gênio de um Cruz e Souza, a quem considerou poeta de segunda classe" (Ivo, 1963:2). Reforce-se a tese com a frieza dedicada por Ribeiro ao Movimento Modernista de 1922, em que se refere em linhas céticas a nomes com Mário de Andrade e Manuel Bandeira. No entanto, há de considerar-se que a ingratidão da crítica não raro transforma o crítico em vítima de suas próprias palavras, tendo em vista o aspecto fragmentário do objeto. O olhar sobre a contemporaneidade, infelizmente, segmenta-se em recortes que deixam o todo invisível.

Como todo intelectual de seu tempo, João Ribeiro cultivou a busca do saber como uma necessidade de abraçar o mundo, de absorver a vida acadêmica em suas diversas manifestações, fato que lhe conferiu uma feição plural, com o mérito de ser em tudo pautado pela excelência. Esse fato levou Antônio Houaiss (1915-1999) em certa passagem a qualificá-lo como "grande polígrafo fascinante" (Houaiss 1979:21). O clima de efetiva fascinação criado pela explosão científica e filosófica dos novecentos contaminou de tal maneira o espírito do jovem humanista que em pouco tempo fê-lo transfigurar-se em verdadeiro exemplo do *unus in multiplus*: mestre em português, grego, latim, francês, espanhol, italiano, provençal, catalão, alemão, inglês, línguas ameríndias; historiador e geógrafo; estudioso da sociologia, da Psicologia, da Antropologia, da Estética, da Arte, isto é, um ledor voraz em todas as áreas das ciências humanas.

No campo da Filologia, Ribeiro, com apenas 25 anos, começa a produzir textos de meritória concepção, cuja presença nas aulas de português somente seria ombreada pelos textos gramaticais de dois outros filólogos de grande projeção: Júlio Ribeiro e, posteriormente, Maximino Maciel, esse último seu conterrâneo. Em 1885, publica *Estudos Filológicos* e *Gramática portuguesa* (curso elementar). Dois anos depois, traz a lume os volumes da *Gramática portuguesa* para os cursos médio e superior, cujas edições multiplicaram-se até o fim do primeiro terço do século XX, como nos informa excelente estudo biográfico da professora Hilma Ranauro (1997).

O casamento com D. Maria Luiza Carneiro de Mendonça Fonseca Ramos, em 1889, corrobora a profícua capacidade de produção de nosso filólogo, como comprova a prole de dezesseis filhos. Os textos não param de sair a lume, em diversas áreas da pesquisa humanística: *Dicionário gramatical* (1889) — obra que seria posteriormente aditada por Manuel Pacheco da Silva Júnior —, *Instrução Pública-Primária, Secundária e Técnica* (1890), *História Antiga I: Oriente e Grécia* (1892), *História do Brasil* (1898), *Estudos Filológicos* (1902), *Obras Poéticas de Cláudio Manuel da Costa e Páginas Escolhidas* (1903), *Seleta Clássica* e *Páginas de Estética* (1905), *Compêndio de História da Literatura Brasileira* — em colaboração com Sílvio Romero (1906), *Frases feitas* (1908-1909), *O Fabordão* (1910), *História Universal* (1918), *Folk-lore* (1919), *Ramiz Galvão* — Estante Clássica de Língua Portuguesa (1922), *Cartas Devolvidas* (1926), *Curiosidades verbais* (1927), *Floresta de exemplos* (1931), afora os inúmeros trabalhos ensaísticos, as traduções e demais textos cuja edição completa, segundo seu discípulo Múcio Leão (1898-1969), comportaria pelo menos 57 volumes (cf. Houaiss, 1979:22).

A extensão dessa aura, entretanto, não se há de dimensionar pelo volume das publicações, mas pelo depoimento dos que se dedicaram ao estudo de sua obra e dele formaram juízo crítico. São várias as passagens em que o elogio fácil cede lugar ao sincero reconhecimento de uma linha evolutiva que amoldava a personalidade de Ribeiro aos novos tempos, como nesse passo de Álvaro Lins (1912-1970): "Ele foi se tornando mais compreensivo na mesma proporção em que ia ficando mais velho em idade" (cf. Ribeiro, 1979:20). Leiam-se também estas palavras de Alcântara Machado (1901-1935): "A sua mocidade vitalícia é como a dos troncos seculares, sempre iguais e sempre diversos, que periodicamente se desvestem das folhas caducantes e dos galhos mortos, e tornam a enfolhar e florescer, integrados no ritmo da vida" (cf. Ribeiro, 1979:19).

A relação entre João Ribeiro e a Academia Brasileira parece ter sido marcada por uma distância cordial até sua eleição para ocupar, em 1898, a cadeira n.º 31, cujo patrono é Pedro Luiz, em face da morte de Luiz Guimarães Júnior (1845-1898). Não tendo sido acadêmico fundador — estava na Europa à época a criação da Academia — coube-lhe o privilégio de ter sido o primeiro acadêmico eleito. Após a eleição, entretanto, não conseguia conter vez por outra a verve salpicada de ironia para criticar alguns dos valores acadêmicos, como se exemplifica pela ojeriza ao fardão, a ponto, segundo nos informa o filho Joaquim Ribeiro, jamais tê-lo mandado confeccionar. Certa vez, em resposta ácida a um comentário malicioso sobre o acadêmico D. Silverio Gomes Pimenta (1840-1922), arcebispo de Mariana, por quem devotava especial apreço — as más línguas atribuíam a eleição do clérigo à influência da Igreja —, disse que na realidade fora D. Silvério quem levara o clero para a Academia.

Sua participação nas discussões acadêmicas tomou maior vulto no que tange à polêmica questão ortográfica que praticamente monopolizou os interesses da Casa de Machado de Assis a partir de 1907, quando uma proposta de simplificação ortográfica de base fonorrepresentativa — semelhante às bases da ortografia que então se propunha estabelecer em Portugal sob influência de Gonçalves Viana (1840-1914) — obteve veemente acolhida de vários acadêmicos, dentre eles Medeiros e Albuquerque, Heráclito Graça (1837-1914), José Veríssimo (1857-1916).

A proposta enfrentou forte resistência, sobretudo no Brasil, não sendo poucos os artigos e publicações avulsas que alardeavam as falhas do projeto, bem como um pretenso desrespeito perpetrado contra as origens do português. Constituía-se o grupo opositor de figuras eminentes no cenário cultural da República, não obstante nele dificilmente se encontrassem filólogos. Dentre esses, Manuel Said Ali (1861-1953), emérito professor de línguas estrangeiras, não escondia sua intransigente ojeriza à reforma ortográfica, por considerar que um padrão fonético na grafia do português estaria em dissonância com o de outras importantes línguas de cultura, como o alemão, o francês e o inglês, que, por sinal, até hoje utilizam sistemas de base etimológica.

O juízo de João Ribeiro inclinava-se pela solução urgente que pedia a questão da ortografia, mormente porque nos primeiros decênios do século XX as primeiras letras não constituíam apenas o primeiro degrau de quem se entregaria, mais tarde, aos estudos universitários; para a quase totalidade dos que estudavam, as primeiras letras eram na verdade as únicas. A difusão do ensino, por outro lado, propiciava acesso maior à alfabetização, oferecendo a um número crescente de usuários a capacitação mínima para comunicar-se por escrito. Continuar com bases ortográficas de caráter eminentemente etimológico, sobretudo mediante uso de letras sem qualquer valor fonético — como ocorria, por exemplo, em *asthma* — em uma comunidade cuja quase totalidade de usuários da língua escrita era absolutamente ignorante em letras clássicas, seria obliterar a crescente conquista pedagógica da alfabetização e do ensino primário de maneira geral.

Eis por que asseverava João Ribeiro (1964:124):

> A solução que impõe o nosso tempo é portanto outra que não a antiga. Do contrário, teríamos como certos povos primevos e semibárbaros a necessidade de duas escritas: uma *hierática* e sagrada para os letrados e outra *demótica*, popular, para ignorantes e plebeus.

Evidencia-se que o uso de *k* e *w* restringia-se à grafia de nomes estrangeiros modernos, fato que facilitava significativamente sua supressão do alfabeto português. A controvérsia, todavia, também aqui encontrava terreno fértil. Carlos de Laet, por exemplo, assegurava que a presença das letras no nosso alfabeto era indispensável se quiséssemos escrever nomes que em suas línguas de origem eram com elas grafados. João Ribeiro segue trilha contrária, sentenciando:

> O *k* quase não tem uso; a palavra em que mais vêzes aparecia era *kilo* que felizmente é um erro gráfico cometido pelos inventores do sistema métrico. Nos outros casos já tinha sido quase sempre substituído pelo *c*: *calendario* (*kalendas*), *catalogo, cada* e *cada um, cauterio, cacofonia* (*cacografia*, etc.), *eclesiastico, caligrafia, camelo, canon, catecismo, concha, clinica, coral, cosmos, aristocrata, cripta, crize*, etc. Foi a substituição do *k* grego pelo *c* já realizada no latim. (...) Uma vez que os etimólogos não ousam escrever *klinica, kada, kamelo, demokrata*, etc., pode dizer-se que a simplificação apenas generaliza a regra quase sem exceção que eles próprios adotaram (Ribeiro, 1964).

Em 1912, João Ribeiro inicia a revisão da ortografia estabelecida pela Academia Brasileira de Letras, aproximando-a mais do modelo ortográfico lusitano. A contribuição, contudo, não o impede de contraditoriamente ir de encontro à influência da proposta portuguesa em duas de suas *cartas devolvidas*, colocando na pena do missivista afirmações como a seguinte (1960:27):

> A reforma portuguesa principiou mal. Foi feita sem a nossa audiência, como se os trinta milhões de brasileiros fôssem analfabetos, ignorantes ou em qualquer caso *quantité-negligeable*. Em outra oportunidade, ao tecer comentário sobre Mello Carvalho, gramático obscuro e chegado a arcaísmos, que optara pela ortografia lusitana, não esconde o desprezo pela grafia simplificada: — Este come as letras e a paciência do próximo.

Ao fim da vida, uma progressiva ojeriza ao gramatiquismo reinante o pôs em rota de colisão até mesmo contra cidadãos leigos, que nada mais queriam que satisfazer curiosidades vernáculas. Costumava dizer, com referência ao modismo dos consultórios gramaticais no início do século XX, que no Brasil as questões sobre língua vernácula eram tão relevantes quanto às questões do café. Quando lhe formulavam certa pergunta gramatical, costumava dizer que não era gramático:

— Mas o senhor escreveu gramáticas, diziam.
— Decerto, mas há os que escrevem poesias e não são poetas.
Eu escrevi gramáticas, mas não sou gramático.

No campo das ideias linguísticas, o que mais nos interessa, João Ribeiro primou por não se deixar comprometer com um dado modelo teórico, fato que lhe conferiu perfil mais rico do ponto de vista doutrinário. A preocupação com as teses da Linguística e com o desenvolvimento científico da novel área de investigação revela-se flagrante, ainda em 1889, aos vinte e nove anos, com a publicação do *Dicionário gramatical*, obra de cunho adjetivo, somente encetada por quem tivesse extensa leitura do assunto. Basta aduzir, sobre a atualidade desse trabalho, que nele há um verbete dedicado aos neogramáticos, grupo de linguistas alemães que apenas recentemente havia lançado as teses sobre a estrutura e funcionamento da língua humana com fulcro no formalismo psicológico.

Uma questão doutrinária, por sinal, que ainda hoje move os interesses e não escapou à pena do mestre sergipano diz respeito à distinção ente Linguística e Filologia. Surgida como ciência pela metade do século XIX, a jovem Linguística trazia como marca mais perceptível o estudo da língua fora do texto, procedimento considerado inadmissível pela Filologia. No entanto, obviamente os que se dedicavam à Linguística haviam de estudar também os textos linguísticos, como ocorre até hoje em dia, de que resultavam procedimentos a um tempo autônomos e interdependentes. Esse paradoxismo mereceu de Ribeiro a seguinte observação, em artigo publicado no Jornal do Brasil, em 26 de outubro de 1927 (1961:66):

> Não sei que haja no Brasil o ramo de estudos a que se dá o nome de *filologia* ou *lingüística* no sentido exato do termo. Os nossos chamados filólogos representam, de modo geral, certo espírito de curiosidade pelos assuntos lingüísticos; uns freqüentam os textos clássicos com o intuito de achar as formas mais puras e vernáculas da língua; outros, conhecem pela rama alguns resultados mais fáceis e acessíveis da gramática comparada, e contentam-se dêsse saber de origem estrangeira, sem adiantar coisa alguma ao que está feito.

Curioso notar, que, cerca de 40 anos antes desse depoimento, o próprio João Ribeiro oferecera uma clarividente distinção entre

Filologia e Linguística, em que os dois campos de investigação se estabelecem em harmônica correlação (Ribeiro, 1889:273-4):

> Entre os escriptores de diversos paízes ha manifesta discordancia sobre o valor das denominações que recebe o estudo methodico da linguagem. Seria fastidioso repetir aqui os vários argumentos e polemicas que se desenvolveram a proposito do alcance dos tres termos *linguistica*, *glottologia* e *philologia*. De tudo, porém, parece que a opinião victoriosa ou pelo menos a que conta maior numero de adeptos é a que considera a *linguistica* como a sciencia dos factos da linguagem espontanea, popular, em todos os idiomas e a philologia como a sciencia dos factos litterarios e eruditos que se referem ás linguas. A philologia abrange a critica, o commentario dos textos antigos, a historia das linguas, principalmente naquillo que ellas possuem do elemento litterario e culto; a linguistica apenas estuda a linguagem como expressão do pensamento, como fórmula exterior articulada da intelligencia humana em acção (...) A palavra glottologia tem a significação mais restricta e estuda a linguagem apenas quanto aos factos physiologicos, ás alterações dependentes dos orgãos vocaes. Essas definições, porém, não estão sufficientemente fixadas por nenhum uso de grande generalidade entre os escriptores e é bem provável que ainda durante muito tempo continue a confusão.

Verdade é que a investigação da obra de Ribeiro revela uma leitura ampla e atual dos principais modelos de teoria linguística. Sua referência aos neogramáticos, aqui citada, numa época em que o grupo de Leipzig ainda não se projetara nos textos linguísticos do Novo Mundo é testemunho inequívoco desta proficiência. Em particular comentário, por exemplo, sobre o Princípio da Analogia, nosso filólogo já advertia quanto ao perigo de seu uso indiscriminado, por ser "tão extensivo e intenso que os neo-grammaticos explicam, por elle, todas as excepções ás leis phoneticas das linguas" (Ribeiro, 1889:2). Também ao conceituar *ênfase*, como polo oposto à *degeneração* no processo de mudança linguística, Ribeiro remete diretamente aos neogramáticos com estas palavras: "Entre os neogrammaticos a emphase exprime o conjuncto de todas as tendencias de integração, isto é, todas as forças que se oppõem á degeneração das linguas" (Ribeiro, 1889:2).

Também comprova a sólida formação doutrinária de Ribeiro a presença no *Dicionário gramatical* tanto de nomes já consolidados na Linguística de seu tempo, como Jacob Grimm, quanto de outros contemporâneos, como o norte-americano William Whitney. Sobre o primeiro, João Ribeiro destaca a conhecida Lei de Grimm, denominando-a "lei de rotação dos sons", numa imagem deveras adequada à feição cíclica com que o fenômeno se opera na evolução fonética das línguas antigas para as mais modernas. Busca, inclusive, ilustrar o fato mediante superposição de círculos concêntricos em que dispõe a ordem pela qual as consoantes variam, concluindo por atribuir ao citado princípio valor probatório do processo degenerativo que acomete as línguas. Já quanto ao segundo, encontramos na *Gramática portuguesa* (Ribeiro, 1908) precioso juízo acerca dos processos de mutação semântico-vocabular que Whitney lançou no campo da semântica histórica. Ribeiro acolhe essas teses com reservas, por serem "demasiado largas e por isso obscuras" as categorias de *especialização* e *generalização* com que Whitney explica o processo de modificação do valor semântico das palavras (Ribeiro, 1908:339):

> [Segundo Whitney] todas as variações de significado explicam-se, em ultima analyse, por dous processos anthiteticos:
> 1. Especialização das idéas geraes. Um termo geral passa a ter uma accepção restricta. Exemplo: stella (estrella) já não se applica aos planetas e seus satelites e asteriscos.
> 2. Generalização de idéas especiaes. Este processo invertido é também muito frequente. *Perna* (perna de porco) é hoje de todos os mamiferos e até de aves e insectos. Rostro (bico de ave ou de náo) generalizou-se, e sob a fórma rosto applica-se á face humana.

Como bem observa Mattoso Camara, em precioso estudo sobre o perfil linguístico de João Ribeiro (Camara Jr., 2004 [[1]1972]), o ambiente historicista em que Ribeiro viveu nos seus primeiros anos de investigação sobre a linguagem humana não o impediu de, dando um passo adiante, encetar análise linguística sincrônica, como se observa na análise mórfica do verbo, em que diagnosticou precursoramente a existência de desinências temporais. Revela, em suma, uma formação eclética, que sabia compatibilizar o comparativismo historicista, e cunho eminentemente empírico, com o formalismo psicológico absorvido das teses colhidas no grupo jovem de Leipzig. Um ecletismo que se revela com vigor nesse passo (Ribeiro, 1889:322-3):

> Em resumo, o principal ponto em que se dividem as escolas [linguísticas] consiste na consideração do elemento psychico que a nova escola [neogramática] dá como factor de grande preponderancia. D'ahi a necessidade de completar o antigo estudo da acção physiologica por um estudo complexo dos factores espirituaes, que agem decisivamente na linguagem. Como consequencia inevitavel do systema, ver-se-á que em vez de preoccuparmo-nos com a lingua aryana primitiva, devemos exercer e applicar os methodos da sciencia sobre os monumentos que existem, actuaes, onde é fácil verificar-se e observar-se a dupla evolução material e espiritual das línguas.

Posteriormente, em face do caminho de investigações aberto sobretudo no estudo da fraseologia, em que era capaz de aliar a mais específica descrição etimológica como mais abrangente inferência hipotética, Ribeiro enveredou pelo idealismo vossleriano, dando asas à imaginação, por vezes de modo tão exacerbado que o resultado não consegue vencer um generalizado ceticismo. As ideias de Karl Vossler (1872-1949), como sabemos, pautam-se na busca das relações causais entre os fatos da língua, atitude que se desvencilha da mera investigação dos fenômenos linguísticos *per se*. Enquanto o positivismo enxerga a língua como organismo, o idealismo a vê como produto da alma humana.

Os positivistas da escola histórico-comparativa, por exemplo, admitiam que a ordem sujeito — verbo — complemento, que se tornou mais rígida nas línguas românicas, teve origem no desaparecimento da distinção casual, sobretudo entre o caso-sujeito, nominativo e o caso-objeto, o acusativo. Segundo Vossler, o fato teria origem, na verdade, no "espírito das línguas", isto é, "na alma dos indivíduos falantes" (cf. Iordan, 1962:127). O gosto do falante pela lógica e pela regularidade teria criado o hábito de dispor a sentença numa ordem fixa, que só se modificaria com propósito semântico definido.

Esse princípio, calcado no "espírito da língua", que resulta da ação individual que logra ser acatada pela comunidade de falantes, abriu um campo fértil cheio de sendas perigosas por onde os fatos empíricos, que a análise linguística ia desvendando, aliavam-se à intuição do investigador para chegar-se à verdade científica. O recurso da intuição gerou ondas de intensa ojeriza ao trabalho de Vossler na comunidade científica, obviamente mais severa nos meios onde predominava o modelo neogramático.

Conforme já observado, o uso da intuição como método de investigação científica marcou profundamente a produção de João Ribeiro no terreno da fraseologia. A respeito, Mattoso Camara (2004 [¹1972]) tece comentário um tanto cético sobre as conclusões de Ribeiro acerca da expressão "a beça", que a ortografia hoje impõe um ç no lugar do ss, em face da provável origem africana. Segundo Ribeiro, a origem da expressão estaria no nome de um certo tipo perdulário do Rio antigo chamado Bessa, não obstante jamais se tenha encontrado um único documento histórico que comprove sua existência.

Em outra passagem, explicando o sentido da expressão "amanhã é dia santo" — muito comum na linguagem infantil de antigamente, com que os garotos costumavam pilheriar quando alguém estava com as meias rasgadas —, João Ribeiro foi buscar a explicação em um dos sermões de Jacques Vitry (1160/70-1240), um texto do século XII, em que se conta a história de um tal senhor Goncelino que, nos dias santos, calçava meias vermelhas. Ao vê-lo com as tais meias rubras, as pessoas logo diziam: — Hoje é dia santo, pois está com meias vermelhas o senhor Goncelino. Com o tempo, as crianças, ao verem o tom róseo da pele sob as meias rasgadas passaram também a dizer: "Amanhã é dia santo". Como diz o próprio Ribeiro, "cada um faz o que pode, e faz muito pouco, decerto, quem das coisas presentes se alonga para o labirinto do passado" (1979:19).

Seja como for, a existência destes e tantos outros estudos prova que na mente brilhante de um cientista também haverá espaço para os eflúvios do idealista. Esta a razão por que em João Ribeiro, sintetiza Mattoso Camara, está o homem que "avança pela Filologia com a imaginação de D. Quixote, sem atender aos cautelosos Sanchos Panças de espírito neogramático" (Camara Jr., 1972:175).

E para arrematar de maneira mais adequada, nada melhor do que ouvir a voz do grande filólogo sergipano. Um breve texto, intitulado *Auto-retrato* (1979:15), fornece-nos algumas passagens preciosas:

Autocrítica: "Quando me tenho analisado, o que sucede em horas de preguiça (...), descubro que tenho alma de mais, e ser-me-ia de maior utilidade se a tivesse de menos (...). Os de muita alma são naturezas indecisas, platônicas, inúteis e incapazes de perceber as conveniências próprias. Quis ser tudo sem ser coisa alguma".

O prazer de viajar: "Um dos grandes prazeres do espírito e do corpo é viajar por terras estranhas. Aprende-se, ganham-se novas experiências e, por vezes, tudo ainda mais se reflete no vigor da saúde e na alegria de viver".

Arte de escrever: "A imprensa onde escrevo sabe que não perco o apetite por motivos sintáticos, aliás tão respeitáveis para a maioria dos meus colegas. Assim é que nunca faço a revisão dos meus escritos, e menos ainda faço certa. Reputo meus artigos como os meus sonetos. Pioram com a emendas".

O prazer de viver: "Quer viver sem glória com o só prazer da vida. E vivo, tendo ainda granjeado a serenidade, que é o prêmio da experiência da vida".

A morte: "Não tenho medo da morte e nem me preparo para ela, como era o conselho antigo dos homens que temiam as penas do inferno ou aspiravam às delicias do paraíso".

Hoje, passados quase oitenta anos de sua morte, verifica-se que João Ribeiro era um homem a quem a modéstia tanto cegava que o impedia de enxergar as evidências da própria grandeza.

Referências bibliográficas

ALARCOS LHORACH, Emilio. *Gramática de la lengua española*. Madrid: Real Academia Española, Editora Espasa Calpe, S.A., 1999.
ALBUQUERQUE, Salvador Henrique de. *Breve compêndio de gramática portuguesa*. Recife: Tip. Universal, 1844.
ALENCAR, José de. *As minas de prata*. 7 ed. Rio de Janeiro: José Olympio Editora/MEC, 1977.
ALTMAN, Cristina. *A pesquisa linguística no Brasil (1968-1988)*. 2 ed. São Paulo: Humanitas/FFLCH-USP, 2004.
ANCHIETA, José de. *Arte da grammatica da lingoa mais usada na costa do Brasil*. 7 ed. São Paulo: Edições Loyola, apresentação de Carlos Drummond, 1990 [¹1595].
ARAGO, M. J. *Souvenirs d'un aveugle voyage autour du monde*. Tome Premier. Paris: Hortet et Ozanne, 1839.
ARAÚJO, Antonio Martins de. Concepções linguísticas da primeira gramática brasileira. *Correio dos Municípios*. São Luís: 16-31 de agosto, 2006a, p. 4.
ARAÚJO, Antonio Martins de. Gramáticas maranhenses oitocentistas da língua portuguesa-fontes e concepções. *Correio dos Municípios*. São Luís: 16-30 de setembro, 2006b, p. 4.
ARMITAGE, João. *História do Brasil*: desde o período da chegada da família real de Bragança em 1808 até a abdicação de D. Pedro I em 1832. Rio de Janeiro: Zelio Valverde, 1943.
ARNAULD, Antoine e Lancelot, Claude. *Grammaire générale et raisonnée*. Paris, Aupelf/CNRS, Archives de La Linguistique Française 14, Reprod. de l'éd. de Paris: chez Prault, 1754.
ASSUNÇÃO, Carlos e Fernandes, Gonçalo. Amaro de Roboredo, gramático e pedagogo português seiscentista pioneiro na didáctica das línguas e nos estudos linguísticos. In: Roboredo, Amaro de. *Methodo grammatical para todas as línguas*. Edição fac-similada. Vila Real: Universidade de Trás-os--Montes e Alto Douro, Prefácio e Estudo Introdutório de Carlos Assunção e Gonçalo Fernandes, 2007 [¹1619].
AYER, Nicolas-Louis Cyprien. *Grammaire comparéé de la langue française*. 4 ed. Bale, Genève e Lyon: H. Georg, Libraire-Éditeur, 1885 [¹1876].
AZEREDO, José Carlos de. *Gramática Houaiss da língua portuguesa*. São Paulo: Instituto Houaiss/Publifolha, 2008.
BAIN, Alexander. *A higher English grammar*. London: Longmans, Green, and Co., 1875.

BARBOSA, Jerónimo Soares. *Eschola popular das primeiras letras*, dividida em quatro partes. Coimbra: Real Imprensa da Universidade, 1829 [¹1776].

BARBOSA, Jerónimo Soares. *Gramática filosófica da língua portuguesa (1822)*. Edição fac-similada, comentários e notas de Amadeu Torres. Lisboa: Academia das Ciências de Lisboa, 2004 [¹1822].

BARBOSA, Ruy. Replica do senador *Ruy Barbosa às defesas da redacção do Projecto da Camara dos Deputados em dezembro de 1902*. Rio de Janeiro: Camara dos Deputados, 1902.

BASTOS, Neusa Maria O. B.; Brito, Regina Helena P. de; Hanna, Vera Lúcia H. Gramaticografia novecentista: raízes maximinianas. In: Bastos, Neusa B. e Palma, Dieli V. (orgs.). *História entrelaçada 2*. Rio de Janeiro: Editora Lucerna, 2006.

BATISTA, Ronaldo de Oliveira. *Introdução à historiografia da linguística*. São Paulo: Cortez Editora, 2013.

BECHARA, Evanildo. *Moderna gramática portuguesa*. 37 ed. revista e ampliada. Rio de Janeiro: Editora Lucerna, 1999.

BECHARA, Evanildo. *Moderna gramática portuguesa*. Rio de Janeiro: Companhia Editora Nacional, 1961.

BELL, Alexander M. *Visible speech: the science of universal alphabetics or self-interpreting physiological letters, for the writing of all languages in one alphabet*. London: Simpkin, Marshall & Co., 1867.

BELL, David V. J. *Power, influence and authority: essay in political linguistics*. London: Oxford University Press, 1975.

BERNARDES, Denis Antônio de Mendonça. Pacto social e constitucionalismo em Frei Caneca. *Revista de Estudos Avançados*. São Paulo: Universidade de São Paulo, vol. II (29), 1997, p. 155-168.

BLAKE, Augusto Victorino Alves Sacramento. *Diccionário bibliographico brazileiro*. Rio de Janeiro: Tipographia Nacional, 1883.

BOSI, Alfredo. *História concisa da literatura brasileira*. São Paulo: Cultrix, 1978.

BRAGA, Theophilo. *Grammatica portugueza elementar;* fundada sobre o methodo historico-comparativo. Porto, Rio de Janeiro: Editora Livraria Portugueza e Estrangeira de João E. da Cruz Coutinho e A.A. da Cruz Coutinho, 1876.

BRAZILEIRO, Manoel de Freitas. *Nova grammatica ingleza e portugueza*. Liverpool: G. F. Harris's, 1812.

BRÉAL, Michel. *Essai de sémantique;* science des significations. Paris: Librairie Hachette et Cie., 1897.

BRÉAL, Michel. Les lois intellectuelles du langage, fragment de sémantique. *Annuaire de l'Association pour l'encouragement des études grecques en France*. Paris: Maisonneuve et Cie.Libraires-Éditeurs, 1883, p. 132-142.

BRÉAL, Michel. *Mélanges de mythologie et de linguistique*. Paris: Librairie Hachette et Cie., 1877.

Bueno, Francisco da Silveira. *Gramática normativa da língua portuguesa: curso superior.* São Paulo: Editora Saraiva, 1944.

Burgraff, Pierre. *Principes de grammaire générale.* Liége: Imprimerie de H. Dessain, 1863.

Calmon, Pedro. Prefácio. In: Caneca, Frei Joaquim do Amor Divino. *Gramática portuguesa; tratado de eloquência.* Edição comemorativa do Sesquicentenário do Brasil. Rio de Janeiro: Colégio Pedro II, 1972, p.1.

Camara Jr., Joaquim Mattoso. *Para o estudo da fonêmica portuguesa.* Rio de Janeiro: Simões, 1953.

Camara Jr., Joaquim Mattoso. As idéias gramaticais de João Ribeiro. In: Camara Jr., Joaquim Mattoso. *Dispersos de J. Mattoso Camara.* 3 ed. revista e aumentada. Rio de Janeiro: Editora Lucerna, organizado por Carlos Eduardo Falcão Uchôa, 2004 [[1]1972]a.

Camara Jr., Joaquim Mattoso. *Dicionário de filologia e gramática.* 4 ed. São Paulo, Rio de Janeiro, Fortaleza: J. Ozon Editor, 1971.

Camara Jr., Joaquim Mattoso. *Ensaios machadianos.* Rio de Janeiro: Livraria Acadêmica, 1962.

Camara Jr., Joaquim Mattoso. *Estrutura da língua portuguesa.* Petrópolis: Vozes, 1970.

Camara Jr., Joaquim Mattoso. *História da linguística.* Petrópolis: Vozes, 1975.

Camara Jr., Joaquim Mattoso. Os estudos de português no Brasil. In: Camara Jr., Joaquim Mattoso. *Dispersos de J. Mattoso Camara.* 3 ed. revista e aumentada. Rio de Janeiro: Editora Lucerna, organizado por Carlos Eduardo Falcão Uchôa, 2004 [[1]1972]b.

Camara Jr., Joaquim Mattoso. *Princípios de lingüística geral.* 4 ed. Rio de Janeiro: Acadêmica, 1970 [[1]1941].

Camara Jr., Joaquim Mattoso. *Teoria da análise léxica.* Rio de Janeiro: Acquarone, Cuñarro, Salaberry, 1956.

Camargo, Ana Maria de Almeida; Moraes, Rubens Borba de. *Bibliografia da Impressão Régia do Rio de Janeiro (1808-1822).* São Paulo: Edusp, Editora Kosmos, 1993.

Caneca, Frei Joaquim do Amor Divino. *Gramática portuguesa; tratado de eloquência.* Edição comemorativa do Sesquicentenário do Brasil. Rio de Janeiro: Colégio Pedro II, 1972 [[1]1875].

Castelo Branco, Camilo. *Vingança: romance original.* Porto: Casa de Cruz Coutinho Editor, 1858.

Cavaliere, Ricardo. *Fonologia e morfologia na gramática científica brasileira.* Niterói: EdUFF, 2000.

Cavaliere, Ricardo. Fontes inglesas dos estudos gramaticais brasileiros. *Confluência.* Rio de Janeiro: Liceu Literário Português, v. 20, 2001, p. 43-55.

CAVALIERE, Ricardo. Uma proposta de periodização dos estudos linguísticos no Brasil. *Confluência*. Rio de Janeiro: Liceu Literário Português, n. 23, 1.º semestre de 2002..

CHARLE, C. e Verger, J. *História das universidades*. São Paulo, Editora da Unesp, 1996.

COELHO, Adolpho. *A lingua portugueza:* phonologia, etymologia, morphologia e syntaxe. Coimbra: Imprensa da Universidade, 1868.

COELHO, Olga F. Mattoso Câmara e os ambíguos primeiros passos da linguística sincrônica no Brasil (1940-1960). *Confluência*. Rio de Janeiro: Liceu Literário Português, v. 1, n. 27 e 28, 2005, p. 95-104.

COLOMBAT, Bernard. L'horizon de restrospection du Mithridate de Conrad Gessner (1555). In: Kibbee, Douglas A. (ed.). *History of linguistics 2005;* selected papers from the 17th International Conference on Historical Linguistics. Amsterdam/ Philadelphia: John Benjamins, 2007.

CONDILLAC, Etiénne Bonnot de Mably. *Cours d'études pour l'instruction du prince de Parme*. Parma: Imprimerie Royale, 1775.

CONDURU, Felipe Benício de Oliveira. *Gramática elementar da língua portuguesa*. Maranhão: O País, 1840.

CONSTANCIO, Francisco Solano. *Novo diccionário critico e etymologico da língua portugueza*. Paris: Editado pelo livreiro de Sua Majestade El Rey de Portugal, L. Belhatte, 1884.

CONSTANCIO, Fancisco Solano. *Novo dicionário critico e etymologico da língua portuguesa precedido de uma introdução gramatical*. Paris, Belhatte, 1873 [¹1836].

CORDEIRO, João Idalio. *Nova gramática da língua portuguesa ou arte de falar*. Rio de Janeiro, Livr. de J. Cremiere, 1844.

CORUJA, Antônio Álvares Pereira. *Compêndio de gramática da língua nacional*. Porto Alegre, 1835.

COSERIU, Eugenio. Do sentido do ensino da língua literária. *Confluência*. Rio de Janeiro: Liceu Literário Português, v. 5, 1993.

COSERIU, Eugenio. *El hombre e su lenguaje*. Madrid: Gredos, 1977.

COSERIU, Eugenio. Sulla tipologia linguística de Wilhelm von Humboldt: contributo ala critica dela tradizione linguística. *Lingua e Stile*, n. 8, 1973, p. 235-266.

COSTA E CUNHA, Antonio Estevam da. *Grammatica elementar portugueza*, adaptada ao ensino das escolas da instrucção primaria, quer dos menores, quer dos adultos, e bem assim dos collegios, lyceos, escolas normaes e aulas preparatórias. Rio de Janeiro: Livraria Academica de J. G. de Azevedo, 1880.

COSTA E CUNHA, Antonio Estevam da. *Manual do examinando de portuguez —* repertorio philologico grammatical e litterario da lingua materna. Paris: Typographia Pillet e Demoulin, 1883.

COSTA E CUNHA, Antonio Estevam da. *Novo methodo theorico-pratico de analyse syntatica*. Rio de Janeiro: Livraria Clássica, 1874.

COSTA E CUNHA, Beatriz Rietmann da. Experiências de professores primários na corte imperial: a trajetória de Antonio Estevão da Costa e Cunha. Anais do V Congresso Brasileiro de História da Educação. SBHE, 2008. Disponível em: http://www.sbhe.org.br/novo/congressos/cbhe5/pdf/195.pdf

CUNHA, Celso Ferreira da e Cintra, Luís Lindley. *Nova Gramática do português contemporâneo*. Rio de Janeiro: Nova Fronteira, 1985 [6 ed. revista e atualizada Lexikon Editora, 2013].

CUNHA, Celso Ferreira da. *Gramática do português contemporâneo*. Belo Horizonte: Editora Bernardo Álvares S.A., 1970.

DAHMUS, Joseph. *A history of the Middle Ages*. Illinois: Barnes & Noble, 1995.

DARMESTETER, Arsène. *Cours de grammaire historique de la langue française*. Paris: Librairie CH. Delagrave, publiée par les soins de M. Ernest Muret, 1891.

DARMESTETER, Arsène. *De la création actuelle de mots nouveaux dans la langue française et des lois qui la régissent*. Paris: F. Vieweg, Libraire- Éditeur, 1877.

DARMESTETER, Arsène. *La vie des mots étudiée dans leurs signification*. Paris: Librairie CH. Delagrave, 1887.

DARMESTETER, Arsène. *Traité de la formation des mots composés dans la langue française*. 12 ed. Paris: Émile Bouillon, Éditeur, 1894 [1873].

DELBRÜCK, Berthold e Windisch, Ernst. *Syntaktische Forschungen III*. Halle: Verlag der Buchhandlung des Waisenhauses, 1878.

DIEZ, Friedrich. *Grammaires des langues romanes*. 3 ed. Paris: Librairie A. Frank, traduit par Auguste Brachet et Gaston Paris, 1874.

DUARTE, Antonio da Costa. *Compêndio da gramática portuguesa*. Maranhão: Tipografia Ludovicense do Frias, 1829.

ELIA, Sílvio. Os estudos filológicos no Brasil. In: Elia, Sílvio. *Ensaios de filologia e lingüística*. Rio de Janeiro, Grifo, 1975.

FÁVERO, Leonor L. A Gramática Portugueza de Júlio Ribeiro. *Revista da ANPOLL*, São Paulo, v. 1, n. 13, 2002, p. 79-90,

FÁVERO, Leonor L. Breve compêndio de gramática portugueza, Frei Joaquim do Amor Divino Caneca. *Filologia e Lingüística Portuguesa*. São Paulo: n. 3, 1999, p. 89-103.

FÁVERO, Leonor L. e Molina, Márcia A. G. A gramática luso-brasileira e o método científico. *Filologia e Lingüística Portuguesa*, v. 9, 2008, p. 27-42.

FÁVERO, Leonor L. e Molina, Márcia A. G. *As concepções lingüísticas no século XIX*. Rio de Janeiro, Lucerna, 2006.

FIGUEIREDO, António Pereira de. *Novo methodo da grammatica latina*. 5 ed. Lisboa, Officina de Miguel Manescal da Costa, 1765 [¹1753].

FORTES, Inácio Felizardo. *Arte de grammatica portugueza*. Rio de Janeiro: Impressão Régia, 1816.

FREITAS, Manuel José de. *Compêndio da gramática inglesa e portuguesa para uso da mocidade adiantada nas primeiras letras*. Rio de Janeiro: Impressão Régia, 1820.

FRYBA-REBER, Anne-Marguerite e Swiggers, Pierre (eds.). *L'œvre cientifique de Cyprien Ayer (1815-1884)*: grammaire, pédagogie, dialectologie. Louvain: Peeters, Orbis Suplementa n. 39, 2013.

GABELENTZ, Georg von der. *Die Sprachwissenschaft, ihre Aufgaben, Methoden und bischeringen Ergebnisse, Zweite, vermehrte und verbesserte Auflage, herausgegeben von Dr. Albrecht Graf von der Schulenburg.* 2 ed. Leipzig: Chr. Herm Tauchnitz, 1891.

GOMES, Alfredo. *Grammatica portugueza.* 18 ed. Rio de Janeiro: Francisco Alves, 1920 [¹1887].

GONÇALVES, Maria Filomena. Gramáticas do português na transição do século XIX para o século XX: a "gramática científica". *La lengua, lugar de encuentro*: actas del XVI Congreso Internacional de la ALFAL, Alcalá de Henares, 2012, p. 2571-2579.

GRIVET, Charles. *Nova gramática analítica da língua portuguesa.* Rio de Janeiro: Typ. de Leuzinger & Filhos, 1881.

HATZFELD, Adolphe; Darmesteter, Arsène. *Dictionnaire général de la langue française.du commencement du XVIIᵉ siècle jusqu'a nos jours.* Paris: Librairie CH. Delagrave, 1890-1893.

HOUAISS, Antônio. João Ribeiro redivivo. In: Ribeiro, João. *A língua nacional e outros estudos lingüísticos.* Petrópolis, Aracaju: Vozes, Governo do Estado de Sergipe, 1979.

HUMBOLDT, Wilhelm von. *Wilhelm von Humboldts Gesammelte Schriften.* Berlin: B. Behr's Velag, v. VI, 1907, p. 146. Disponível em https://archive.org/details/gesammelteschrif06humbuoft

IORDAN, Iorgu. *Introdução à lingüística românica.* Lisboa: Fundação Caloustre Gulbenkian, Trad. Júlia Dias Ferreira, 1962.

ITAPARY, Joaquim (org.). *Felipe Condurú Pacheco pai e mestre.* São Luís: SECMA, 2004.

IVO, Ledo. Os atalhos da floresta. In: Ribeiro, João. *Páginas de estética.* Rio de Janeiro, Livraria São José, 1963.

JANKOWSKY, Kurt. *The neogrammarians: a re-evaluation of their place in the development of linguistic science.* The Hague/Paris: Mouton & Co. Publishers, 1972.

JESPERSEN, Otto. *Language: its nature, development and origin.* 12 ed. Londres: George Allen & Unwin Ltd., 1964 [¹1911].

JUCÁ [Filho], Cândido. *A gramática de José de Alencar.* Rio de Janeiro: Colégio Pedro II, 1966.

JUCÁ [Filho], Cândido. *O fator psicológico na evolução sintática*; contribuição para uma estilística brasileira. Rio de Janeiro: J.R. de Oliveira e Cia., 1933.

KEMMLER, Rolf. *A primeira gramática da língua portuguesa impressa no Brasil:* a Arte de grammatica portugueza (1816) de Inácio Felizardo Fortes.

Confluência. Rio de Janeiro: Liceu Literário Português, n. 44-45, 2.º semestre de 2013, p. 61-81.

KOERNER, E. F. Konrad. *Linguistic historiography: projects and prospects*. Amsterdam/ Philadelphia: John Benjamins, 1999.

KOERNER, E. F. Konrad. Meillet, Saussure et la linguistique générale: une question d'influence. In: Koerner, E. F. Konrad. *Practicing linguistic historiography: selected essays*. Amsterdan/Philadelphia: Jonh Benjamins, 1989a, p. 401.

KOERNER, E. F. Konrad. On the problem of the "influence" in linguistic historiography. In: Koerner, E. F. Konrad. *Practicing linguistic historiography: selected essays*. Amsterdan/ Philadelphia: Jonh Benjamins, 1989b, p. 31.

KOERNER, E. F. Konrad. *Persistent issues in linguistic historiography*. In: Koerner, E. F. Konrad. Professing linguistics historiography. Amsterdan/Philadelphia: John Benjamins Publishing Company, 1995.

KOERNER, E. F. Konrad. *Practicing linguistic historiography*. Amsterdam/Philadelphia: Benjamins, 1989.

KOERNER, E. F. Konrad. Remarks on the sources of R. Jakobson's linguistic inspiration. In: Gadet, Françoise e Sériot, Patrick. *Jakobson entre l'Est et l'Ouest - 1915-1939*: un épisode de l'histoire de la culture européenne. Lausanne: Université de Lausanne. Cahiers de l'ILSL. n.º 9, 1997, p. 151-176. Disponível em www.unil.ch/webdav/site/clsl/shared/cahier_9.pdf

KRISTEVA, Julia. *El lenguaje, ese desconocido: introduccción a la lingüística*. Madrid: Editorial Fundamentos, Trad. María Antoranz, 1988.

KUHN, Thomas S. *The structure of scientific revolutions*. 2 ed. Chicago: University of Chicago Press, 1970.

LEÃO, Mucio. *João Ribeiro*. Rio de Janeiro: Livraria São José, 1962.

LEITE, Marli Quadros. A influência da língua falada na gramática tradicional. In: Preti, Dino (org.). *Fala e escrita em questão*. 2 ed. São Paulo: Humanitas, 2001, p. 129-153.

LIMA, Carlos Henrique da Rocha. *Gramática normativa da língua portuguesa*. Rio de Janeiro: Editora José Olympio Editora. 2010 [1957].

LIMA, Kelly Cistina Azevedo de. Frei Caneca: entre a liberdade dos antigos e a igualdade dos modernos. *Caos – Revista Eletrônica de Ciências Sociais*. 12, 2008, p. 126-196.

LITTRÉ, Émile. *Études et glanures pour faire suíte a l'histoire de la langue française*. Paris: Librairie Académique. Didier & Cie, Libraires-Éditeurs, 1880.

Littré, Émile. *Pathologie verbale, ou lésions de certains mots dans le cours de l'usage*. Paris: Bibliothèque Nationale, 1986 [1880].

LOBATO, António José dos Reis. *A arte da grammatica da lingua portugueza*. Lisboa: Academia das Ciências de Lisboa Estudo, edição crítica, manuscritos e textos subsidiários por Carlos Assunção, 2000 [¹1770].

LUFT, Celso Pedro. *Moderna gramática brasileira*. Front Cover. Porto Alegre: Editora Globo, 1976.

LYRA, Maria de Lourdes Vianna de. *Pátria do cidadão: a concepção de pátria/nação em Frei Caneca*. Revisa Brasileira de História. São Paulo: v. 18, n. 36, 1998.

MACEDO, Walmirio. *Gramática da língua portuguesa*. Rio de Janeiro: Presença, 1991.

MACIEL, Maximino de Araujo. *Grammatica descriptiva*. 8. ed, Rio de Janeiro, Livraria Francisco Alves, 1922 [¹1894].

MACIEL, Maximino. *Philologia portugueza*: ensaios descriptivos e historicos sobre a lingua vernacula. Rio de Janeiro: Typ. de José de Oliveira, 1889.

MAGALHÃES, Pablo Antonio Iglesias. A palavra e o império: Manoel de Freitas Brazileiro e a Nova gramática inglesa e portuguesa. *Revista de Pesquisa Histórica*. Recife: Universidade Federal de Pernambuco, n. 31.1, 2013.

MALKIEL, Iakov. *From particular to general linguistics: selected essays 1965-1978*. Amsterdan: John Benjamins, 1983.

MEIER, Harri. O dicionário de Morais. *Boletim de Filologia*. Lisboa: Tomo IX, fasc. IV, 1948.

MELLO, Antônio Joaquim de. *Obras políticas e literárias de Frei Joaquim do Amor Divino Caneca*. Edição facsimilar. Recife: Editora Universitária da UFPE, 1972 [¹1875].

MELLO, Evaldo Cabral de. *A outra Independência: o federalismo pernambucano de 1917 a 1824*. São Paulo: Editora 34, 2004.

MELO, Gladstone Chaves de. *Alencar e a "língua brasileira"*. 3 ed. Rio de Janeiro: Conselho Federal de Cultura, 1972.

MELO, Gladstone Chaves de. *Gramática fundamental da língua portuguesa*. 2 ed. Rio de Janeiro: Livraria Acadêmica. 1970 [¹1968].

MONTEIRO, Tobias. *Historia do imperio: a elaboracao da independência*. 2 ed. Brasilia: MEC/INL, tomo 2, 1972.

MORAIS, Maria Arisnete Camara de. *Leituras de mulheres no século XIX*. Belo Horizonte: Autêntica, 2002.

MOREL, Marco. *Frei caneca: entre Marília e a pátria*. Rio de Janeiro: Editora da Fundação Getúlio Vargas, 2000.

MÜLLER, Max. *Lectures on the science of language delivered at the Royal Institution of Great Britain in April, May, and June, 1861*. New York: Charles Scribner, 1862.

MURAKAWA, Clotilde de Almeida Azevedo. Léxico e gramática no Diccionario da Lingua Portugueza (1813) de Antonio de Morais Silva. *Alfa*. São Paulo: v. 50, n. 2, 2006, p. 55-67.

NASCENTES, Antenor. Divisão dialectológica do território brasileiro. *Revista Brasileira de Geografia*. Rio de Janeiro: v. 17, n. 2, abr./jun. 1955, p.213.

NASCENTES, Antenor. *Estudos filológicos: volume dedicado à memória de Antenor Nascentes*. Rio de Janeiro: Academia Brasileira de Letras, 2003.

NASCENTES, Antenor. *O idioma nacional*. 3 ed. Rio de Janeiro: Livraria Acadêmica, 1960 [1926-7-8].

NASCENTES, Antenor. *O linguajar carioca em 1922*. Rio de Janeiro: Sussekind & cia, 1922.

NASCENTES, Antenor. *Um ensaio de phonetica differencial luso-castelhana*. Rio de Janeiro: Typ. do Jornal do Commercio, de Rodrigues & C., 1919.

NEVES, Maria Helena de Moura. *Gramática de usos do português*. São Paulo: Editora Unesp, 2000.

PARIS, Gaston. *Étude sur lê rôle de l'accent latin dans la langue française*. Paris, Leipzig: Librairie A. Frank, 1862.

PARIS, Gaston. *Grammaire historique da la langue française;* cours professé a la Sorbonne. Paris: Librairie A. Franck, 1868.

PASSY, Paul. *Études sur les changements phonétiques et leurs caractères généraux*. Paris: Librairie Firmin-Didiot, 1891.

PAUL, Hermann. *Prinzipien der Sprachgeschichte*. 5 ed. Halle na der Saale: Max Niemeyer Verlag, 1920 [¹1880].

PEREIRA, Eduardo Carlos. *Grammatica expositiva, curso superior*. 2 ed. São Paulo: Dubrat & Cia., 1909 [¹1907].

PEREIRA, Eduardo Carlos. *Grammatica historica*. São Paulo: Companhia Editora Nacional, 1929 [¹1915].

PERINI, Mário A. *A gramática gerativa; introdução ao estudo da sintaxe portuguesa*. 2 ed. Belo Horizonte: Editora Vigília, 1985 [¹1976].

PERINI, Mário A. *Gramática descritiva do português*. São Paulo: Editora Ática, 1995.

QUINTILIANUS, M. Fabii. *De institutione oratoria*. Ex editione JO. Mathiae Gesneri. Londini: Sumtibus Rodwell et Martin, libri duodecim, tomus I. 1822 [¹1470].

RANAURO, Hilma. *Contribuição à historiografia dos estudos científicos da linguagem no Brasil: Sílvio e Elia e João Ribeiro*. Rio de Janeiro: Edições Tempo Brasileiro/FEUC, 1997

REIS, Francisco Sotero dos. *Grammatica portugueza accomodada aos principios geraes da palavra, seguidos de immediata applicação pratica*. 2 ed. revista, corrigida e annotada por Francisco Sotero dos Reis e Americo Vespucio dos Reis. São Luiz, Typ. de R. d'Almeida, 1871 [¹1866].

RIBEIRO, Ernesto Carneiro. Elementos de grammatica portugueza. In: *Estudos gramaticais e filológicos*. 2 ed. cuidadosamente revista por Deraldo I. de Sousa. Bahia, Livraria Progresso Editora, 1958 [¹1885].

RIBEIRO, Ernesto Carneiro. Grammatica portugueza philosophica. In: *Estudos gramaticais e filológicos*. 2 ed. cuidadosamente revista por Deraldo I. de Sousa. Bahia, Livraria Progresso Editora, 1958 [¹1871].

RIBEIRO, Ernesto Carneiro. Origem e filiação da língua portuguesa. In: *Estudos gramaticais e filológicos*. 2 ed. cuidadosamente revista por Deraldo I. de Sousa, Bahia, Livraria Progresso Editora, 1958.

RIBEIRO, Ernesto Carneiro. *Serões grammaticaes ou nova grammatica portuguesa.* 6 ed. Bahia: Livraria Progress, 1955 [¹1890].
RIBEIRO, João. *A língua nacional e outros estudos lingüísticos.* Petrópolis, Aracaju: Editora Vozes/ Governo do Estado de Sergipe, seleção e coordenação de Hildon Rocha, 1979.
RIBEIRO, João. *Acêrca da questão ortográfica e acêrca do dicionário da Academia. Cartas devolvidas.* 2 ed. Rio de Janeiro: Livraria São José, 1960.
RIBEIRO, João. *Crítica.* Rio de Janeiro: Academia Brasileira de Letras, Obras de João Ribeiro, v. V, 1961.
RIBEIRO, João. *Curiosidades verbais.* Rio de Janeiro, Livr. São José, 1927.
RIBEIRO, João. *Diccionario Grammatical.* 3 ed. Rio de Janeiro: Francisco Alves, 1906 [¹1889].
RIBEIRO, João. *Frazes feitas; estudo conjectural de locuções, ditados e proverbios.* Rio de Janeiro, Livraria Francisco Alves, 1908-9.
RIBEIRO, João. *Grammatica portugueza; curso superior.* 10 ed. Rio de Janeiro: Livraria Francisco Alves, 1933 [¹1887].
RIBEIRO, João. Morais redivivo. In: Academia brasileira. *Obras de João Ribeiro: crítica.* Rio de Janeiro: ABL, v. V, Organização de Múcio Leão, 1961.
RIBEIRO, João. *Ortografia da Academia. O fabordão.* 2. ed. Rio de Janeiro: Livraria São José, 1964.
RIBEIRO, Joaquim. *Nove mil dias com João Ribeiro.* Rio de Janeiro: Record Editora, s.d.
RIBEIRO, Julio. *Grammatica portugueza.* 10 ed., Rio de Janeiro: Livraria Francisco Alves & C., 1911 [¹1881].
RIBEIRO, Julio. *Traços geraes de linguistica.* São Paulo: Livraria Popular de Abilio A. S. Marques, 1880.
RIBEIRO, Manoel Pinto. *Gramática aplicada da língua portuguesa.* Rio de Janeiro: Edição do autor, 1976.
ROBOREDO, Amaro de. *Methodo grammatical para todas as línguas.* Edição fac-similada. Vila Real: Universidade de Trás-os-Montes e Alto Douro, Prefácio e Estudo Introdutório de Carlos Assunção e Gonçalo Fernandes, 2007 [¹1619].
ROCHA, Maria Bernadete C. da. *O pensamento gramatical de Manuel Pacheco da Silva Júnior.* Niterói: Universidade Federal Fluminense, tese de doutorado, 2007. Disponível em http://www.livrosgratis.com.br/arquivos_livros/cp101333.pdf
SAID Ali, Manuel Said. *Grammatica secundaria.* 7 ed. revista e comentada por Evanildo Bechara. São Paulo: Edições Melhoramentos, 1966 [1922(?)].
SAID Ali, Manuel. *Dificuldades da língua portuguesa.* 6 ed. Rio de Janeiro: Livraria Acadêmica, 1966 [¹1908].
SAID Ali, Manuel. *Gramática histórica da língua portuguêsa.* 7 ed. Rio de Janeiro: Livraria Acadêmica/ Edições Melhoramentos, 1971 [¹1931].

SAID Ali, Manuel. *Meios de expressão e alterações semânticas*. Rio de Janeiro, São Paulo, Belo Horizonte: Ed. F. Alves, 1930.

SAINT-HILAIRE, Auguste de. *Segunda viagem do Rio de Janeiro a Minas Gerais e a São Paulo*. Belo Horizonte: Livraria Itatiaia/Ed. USP, 1974.

SANTOS, Maria Helena Pessoa *As ideias linguísticas portuguesas na centúria de Oitocentos*. Lisboa: Fundação Calouste Gulbenkian, 2 v., 2010.

SAUSSURE, Ferdinand de. *Cours de linguistique générale*. 3 ed. Paris: Payot, 1949 [¹1916].

SILVA Jr., Manuel Pacheco da. *Grammatica historica da língua portugueza*. Rio de Janeiro: Typ. a vapor de D. M. Hazlett, 1878.

SILVA Jr., Manuel Pacheco da. *Noções de semântica*. Rio de Janeiro: Livraria Francisco Alves, 1903.

SILVA, Antonio de Moraes. *Diccionario da lingua portuguesa*, recompilado dos vocabularios impressos ate agora, e nesta segunda edição novamente emendado e muito acrescentado. Lisboa: Lisboa: Typographia Lacerdina, 1789.

SILVA, Antônio de Morais. *Epitome da grammatica da lingua portugueza*. Lisboa: Off. de Simao Thaddeo Ferreira, 1806.

SILVA, Francisco Innocencio da. *Diccionario bibliographico portuguez*. Lisboa: Imprensa Nacional/ Casa da Moeda, tomo I, 1863.

SWEET, Henry. *A handbook of phonetics*. Oxford: Clarendon Press, 1877.

SWEET, Henry. *A history of English sounds, from the earliest period*. Oxford: Clarendon Press, 1888a.

SWEET, Henry. *A new English grammar, logical and historical*. Oxford: Clarendon Press, 1888b.

SWIGGERS, Pierre. A historiografia da linguística: objeto, objetivos, organização. *Confluência*. Rio de Janeiro: Liceu Literário Português, n. 44-45, 1.º e 2.º semestres de 2013. Disponível em http://llp.bibliopolis.info/confluencia/pdf/1171.pdf

THOMAS, Antoine. *La loi de Darmesteter en provençal*. Paris: Impr. de Protat Frères, 1892.

VERDELHO, Telmo. O dicionário de Morais Silva e o início da lexicografia moderna. *História da Língua, História da Gramática*: Actas do Encontro. Braga: Universidade do Minho, ILCH, 2003, p. 473-490.

VIANNA, A. R. Gonçalves; Abreu, G. de Vasconcelos. *Bases da ortografia portuguesa*. Lisboa: Imprensa Nacional, 1885.

VOSSLER, Karl. *Positivism und Idealismus in der Sprachwissenschaft*: eine sprachphilosophische Untersuchung. Heidelberg: Carl Winter's Universitätsbuchhandlung, 1904.

ZARUR, George. *Shamãs, Sacerdotes, Filósofos e Profetas: dos modelos de produção intelectual*. Texto apresentado na Fundação Oswaldo Cruz, 2004. Disponível em: http://www.georgezarur.com.br/pagina.php/117.

Índice onomástico

Abreu, Guilherme de Vasconcelos 74, 75, 76
Academia Brasileira de Filologia 142
Academia Brasileira de Letras 100, 153
Albuquerque, José Joaquim Medeiros e 151
Albuquerque, Salvador Henrique de 50
Alencar, José de 22, 35, 91, 95, 96, 97
Allen, Alexander 84
Alvarenga, Manuel Inácio da Silva 48
Alves, Antonio de Castro 22
Altman, Cristina 17
Amado, Jorge 95
Anchieta, José de 49, 59, 104
Andrade, Mário de 23, 149
Anjos, Ciro dos 95
Arago, Jacques 44
Aranha, José Pereira da Graça 95
Araújo, Antonio Martins de 50
Armitage, João 44
Arnauld, Antoine 64
Arquivo Público 48
Assis, Joaquim Maria Machado de 22, 95, 151
Assunção, Carlos 44, 51, 63
Ayer, Nicolas-Louis Cyprien 32, 37, 81, 83, 127
Azeredo, José Carlos de 25, 26, 27
Azevedo, Álvares de 48
Azevedo, Artur 22
Baependi, Marquês de 45

Bain, Alexander 32, 65, 81, 82, 84, 127
Bally, Charles 102, 103, 140
Bandeira, Manuel 95, 149
Barbadinho Neto, Raimundo 100
Barbosa, Francisco Vilela 45
Barbosa, Jerônimo Soares 29, 51, 56, 60, 70, 71, 72, 77, 105, 128
Barbosa, Rui 22, 121, 122
Barreto, Fausto 31
Barreto, Mario 43, 106, 117, 143
Bastos, Neusa Barbosa 31
Batista, Ronaldo de Oliveira 8, 148
Bechara, Evanildo 18, 20, 24, 26, 36, 67, 93, 125
Becker, Carl 61, 62, 84
Blake, Augusto Victorino Alves Sacramento 60
Bloomfield, Leonard 103
Bluteau, Rafael 53, 60
Bopp, Franz 80, 81, 82, 83, 114, 119, 126, 127, 128
Brachet, August 82, 83, 124, 138
Braga, Teófilo 31
Branco, Camilo Castelo 95, 96
Bréal, Michel 40, 82, 83, 103, 124-140
Brugmann, Karl 42, 43, 88, 112, 113, 114-115, 143
Brunot, Ferdinand 83, 102
Bueno, Francisco da Silveira 16, 17, 46
Burgraff, Pierre 37
Burnouf, Émile-Louis 124
Burnouf, Eugène 82, 124
Caldas, Antônio Pereira Sousa 45

Calmon, Pedro 53, 69, 70
Camara Jr., Joaquim Mattoso 15, 42, 49, 59, 66, 99, 100, 103, 107, 117, 128, 135, 140, 141-147, 156, 158
Camões, Luís de 21
Caneca, Frei Joaquim do Amor Divino 50, 54, 68-79, 105
Cardoso, Wilton 103
Carvalho e Silva, Maximiano de 141
Castilho, Antônio Feliciano de 21, 95
Castro, Miguel Joaquim de Almeida 68
Charaudeau, Patrick 140
Cintra, Luís Lindley 18, 23, 26, 95
Cledat, León 82, 124
Coelho, Francisco Adolfo 29, 31, 82, 83, 100
Coelho, José Maria Latino 22
Coelho, Olga 143
Colégio das Educandas 48
Colégio de Pedro II 49, 69, 70, 83, 101, 149
Colégio Minerva 55
Colégio São Pedro 49
Colégio São Pedro de Alcântara 149
Comte, Auguste 136, 137
Condillac, Étienne Bonnot de 64
Conduru, Filipe Benício de Oliveira 50, 54
Constancio, Francisco Solano 120
Convento do Carmo 68, 69
Cordeiro, João Idálio 55
Cornwell, James 84
Coruja, Antônio Álvares Pereira 55, 104, 105
Coseriu, Eugenio 36, 95, 98, 99, 100, 118, 145
Costa, Cláudio Manuel da 45, 47
Costa, Hipólito da 45

Cristóvão, Fernando Alves 142
Cunha, Antônio Estêvão da Costa e 28, 29, 30
Cunha, Celso Ferreira da 18, 23, 26, 95, 103
Curtius, Georg 43
Darmesteter, Arsène 36, 82, 83, 124-140
Darwin, Charles 28, 108
Delbrück, Berthold 42, 43, 103, 112, 113-114,143
Dias, Antônio Gonçalves 21, 22, 35
Diez, Friedrich 13, 29, 81, 82, 83, 119-122, 127, 138
Duarte, Antônio da Costa 50, 54, 105
Ducrot, Oswald 140
Durão, José de Santa Rita 45, 47
Durkheim, Émile 125
Duval, Mathias-Marie 124
Elia, Sílvio Edmundo 28, 103
Faculdade de Filosofia da Universidade do Brasil 102, 103, 104, 141
Faculdade de Filosofia da Universidade do Paraná 101
Faculdade de Letras da Universidade de Lisboa 101
Faculdade de Letras de Paris 88
Faculdade de Medicina de Salvador 148
Fávero, Leonor 28, 57, 70, 108
Feijó, João da Silva 45
Fernandes, Gonçalo 44, 63
Ferreira, Alexandre Rodrigues 45
Figueiredo, Antônio Pereira de 50
Figueiredo, Cândido de 106
Fortes, Inácio Felizardo 50
Foucault, Michel 140
Freire, Laudelino 32
Freitas, Manuel José de 47

Gabelentz, Georg von der 41, 103, 122-123
Gama, José Basílio da 45, 47
García de Diego, Vicente 102
Gilliéron, Jules 101
Gomes, Alfredo 25, 37
Gonçalves, Francisco da Luz Rebelo 101
Gonçalves, Maria Filomena 28
Gonzaga, Tomás Antônio 47
Graça, Heráclito 151
Grammont, Maurice 103
Grimm, Jacob 80, 81, 82, 109, 119, 126, 127, 156
Guérios, Rosério Farâni Mansur 103
Guimaraens, Alphonsus de 22
Guimarães Júnior, Luiz 151
Haeckel, Ernst 108
Hatzfeld, Adolphe 132
Henry, Victor 88, 114
Herculano, Alexandre 21, 95
Houaiss, Antônio 150
Humboldt, Wilhelm von 57, 117-119
Imperial Seminário São Joaquim 49
Ivo, Ledo 149
Jankowsky, Kurt 42, 111, 115, 128
Jespersen, Otto 110, 117, 118, 120, 122
Jousse, Marcel 102
Jucá [Filho], Cândido 96, 102
Koerner, Konrad 61, 62, 108, 124, 125
Kuhn, Thomas 147
Laet, Carlos de 152
Lancelot, Claude 64
Leão, Duarte Nunes de 66
Leão, Múcio Carneiro 150
Leite, Marli Quadros 94
Leskien, August 43, 113, 114

Lima, Carlos Henrique da Rocha 23, 26
Lins, Álvaro 151
Lisboa, João Francisco 21
Lisboa, José da Silva 54
Littré, Émile 82, 83, 124-140
Lobato, Antônio José dos Reis 51, 63, 72, 105
Lopes, Antônio de Castro 32
Luft, Celso Pedro 24
Luiz, Pedro 151
Macedo, Joaquim Manuel de 48
Macedo, Walmirio 20, 24
Machado, Aires da Mata 103
Machado, Antônio de Alcântara 151
Maciel, Maximino 26, 33, 34, 38, 39, 40, 60, 81, 83, 87, 88, 109, 110, 117, 118, 119, 121, 127, 129, 132, 133, 150
Maingueneau, Dominique 140
Mason, Charles 36, 65, 81, 84, 127
Maurer Júnior, Teodoro 103
Maury, Louis Ferdinand Alfred 82, 124
Meier, Harri 61
Mello, Antonio Joaquim de 69, 70
Mello, Evaldo Cabral de 68, 69
Melo, Gladstone Chaves de 18, 22, 69, 91
Mendes, Manoel Odorico 21, 95
Missão Francesa 48
Monteiro, Tobias 45, 46
Müller, Friedrich Max 82, 83, 109-111
Museu e Gabinete de História 48
Nabuco, Joaquim 22
Nascentes, Antenor 14, 15, 15, 22, 88, 99-106, 110, 120, 147
Neves, Maria Helena de Moura 20, 24
Nóbrega, Vandick Londres da 69

Nomenclatura Gramatical Brasileira 17, 18, 40, 87, 146
Nunes, José Joaquim 78
Oliveira, Bento de 60
Osthoff, Hermann 43, 112, 113, 114
Paço Municipal da Bahia 70
Paris, Gaston 81, 82, 83, 124-140
Passos, José Alexandre de 106
Passy, Paul 88
Paul, Hermann 41, 103, 112, 115-116, 123, 128
Pêcheux, Michel 140
Peixoto, Inácio José de Alvarenga 45
Pepetela 95
Pereira, Eduardo Carlos 11, 12, 13, 21, 25, 35, 36, 37, 38, 39, 95, 133, 134, 139
Perini, Mário 20, 24
Pimenta, Silverio Gomes 151
Rabelo, Laurindo 48, 68
Ramos, Maria Luiza Carneiro de Mendonça Fonseca 150
Ranauro, Hilma 150
Reis, Francisco Sotero dos 29, 30, 50, 54, 64, 78, 106
Renan, Joseph Ernest 57, 124
Ribeiro, Ernesto Carneiro 30, 34, 39, 56, 57, 82, 109, 118, 119, 135, 137, 139
Ribeiro, João 41, 42, 43, 60, 61, 62, 82, 84, 85, 86, 109, 111, 112, 116, 117, 134, 143, 146, 148-159
Ribeiro, Joaquim 151
Ribeiro, Júlio 25, 28, 30, 37, 38, 42, 49, 59, 65, 82, 86, 104, 106, 109, 110, 112, 120, 127, 130, 137, 150
Ribeiro, Manoel Pinto 24
Roboredo, Amaro de 63

Said Ali, Manuel 25, 35, 39, 40, 41, 43, 83, 87, 88, 89, 90, 99, 102, 111, 112, 113, 114, 115, 116, 121, 122, 123, 125, 130, 131, 143, 146, 147, 152
Saint-Hilaire, Auguste de 44
Santos, Maria Helena Pessoa 28
Saussure, Ferdinand de 92, 93, 103, 125
Say, Horace 45
Scherer, Wilhelm 35, 114
Schlegel, Friedrich von 82
Schleicher, August 28, 31, 35, 81, 108, 109, 110, 114, 120, 127, 137
Shaw, Bernard 148
Sievers, Eduard 88
Silva Júnior, Manuel Pacheco da 40, 84, 109, 129, 133, 137, 150
Silva Neto, Serafim da 103
Silva, Antônio de Morais 45, 47, 49, 50, 52, 53, 59-67, 104, 127
Silva, Francisco Inocêncio da 60
Silva, José Bonifácio de Andrada e 54
Silveira, Álvaro Ferdinando Sousa da 43
Siqueira, Francisca Alexandrina de 68
Souza, Francisco de 46
Spina, Segismundo 103
Spitzer, Leo 102
Steinthal, Hermann 117, 122
Sweet, Henry 82, 84, 85, 86, 87, 88, 90, 146
Swiggers, Pierre 125, 127
Teatro São Pedro de Alcântara 48
Teixeira, Bento 105
Thomas, Antoine 132, 139
Torres, Amadeu 51, 71
Trubetzkoy, Nikolai 103
Uchôa, Carlos Eduardo Falcão 142, 147

Universidade Católica de
  Petrópolis 144
Universidade Católica Portuguesa
  28, 51
Universidade da Madeira 91
Universidade de Buenos Aires 46
Universidade de Coimbra 47, 60
Universidade de Lisboa 101, 142
Universidade de São Paulo 100,
  101
Universidade de Trás-os-Montes e
  Alto Douro 51
Universidade do Brasil 102, 103,
  104, 141
Universidade do Distrito Federal
  103, 141
Universidade do Estado do Rio de
  Janeiro 100, 142
Universidade do Paraná 101, 103
Universidade Federal de
  Pernambuco 69
Universidade Federal do Rio de
  Janeiro 144
Universidade Federal Fluminense
  100, 142
Vale, Rosalvo do 141
van Ginneken, Jac. 102
Vasconcellos, Solange Pereira de 141
Vasconcelos, Antônio Garcia
  Ribeiro de 78
Vasconcelos, Bernardo Pereira de
  49
Vasconcelos, Carolina Michaëlis
  de 78
Vasconcelos, José Leite de 78
Veloso, José Mariano da Conceição
  45
Verdelho, Telmo 53, 59
Veríssimo, José 151
Verissimo, Luis Fernando 98
Vianna, Anacleto dos Reis
  Gonçalves 74, 76, 77, 78
Vicente, Gil 21
Viterbo, Joaquim de Santa Rosa de
  53, 60
Vitry, Jacques de 158
Vossler, Karl 43, 102, 114, 116-117,
  157, 158
Whitney, William 83, 103, 111,
  113, 156
Wundt, Wilhelm 103, 118, 122
Zarur, George 147

Este livro foi impresso no Rio Grande do Sul em maio de 2014,
pela Edelbra Gráfica e Editora para a Editora Lexikon.
A fonte usada é a ITC Stone Serif 10/13.
O papel do miolo é offset 63g/m² e o da capa é cartão 250g/m².